978 920 03068123

AF283218

Francisco de Asís:
el signo de un hermano

En el VIII centenario de su muerte (1226-2026)

Mª Ángeles Gómez-Limón, Juan Oliver
y Jesús Torrecilla

CONFER

SAN PABLO

Redactor Jefe:
Juan María Martínez de Ilarduya

Coordinador de edición:
José Ignacio Pedregosa

© SAN PABLO 2026
Protasio Gómez, 11-15. 28027 Madrid
Tel. 917 425 113
secretaria.edit@sanpablo.es - www.sanpablo.es
© Mª Ángeles Gómez-Limón, Juan Oliver y Jesús Torrecilla, 2026

Distribución: SAN PABLO. División Comercial
Resina, 1. 28021 Madrid
Tel. 917 987 375
ventas@sanpablo.es
ISSN: 1138-2325
Depósito legal: SS-1013/92
Impreso en Artes Gráficas Gar.Vi. 28970 Humanes (Madrid)
Printed in Spain. Impreso en España

Esta publicación está aprobada por la Conferencia Nacional de Religiosos (CONFER)

Estimado lector de la revista FRONTERA/HEGIAN:

Tienes en tus manos el número 131, dedicado a san Francisco de Asís en el VIII centenario de su muerte. Con gran alegría queremos comunicaros que, a partir de enero de 2026 y, de modo concreto desde este número, la Editorial San Pablo ha asumido la coordinación, edición, producción y distribución de esta valiosa publicación, en estrecha colaboración con la CONFER nacional. Con ello, reafirmamos nuestro compromiso de cuidar y potenciar una revista que tanto bien hace a la vida consagrada, a toda la Iglesia y a quienes desean acercarse a los temas que aquí se abordan.

Con interés y responsabilidad, siendo conscientes de la gran tarea que tenemos por delante, desde SAN PABLO, hemos asumido esta iniciativa con la que queremos seguir prestando nuestro servicio a la vida consagrada de España y del resto del mundo.

Por eso, os pedimos que, a partir de este momento, para cualquier cuestión que tenga que ver con FRONTERA/HEGIAN, os dirijáis a las siguientes direcciones de correo electrónico:

- Dirección de contacto para suscripciones y/o comentarios: secretaria.edit@sanpablo.es
- Dirección de contacto para atención al cliente y responsable de gestión: pepe.pedregosa@sanpablo.es

Para cualquier consulta, pregunta o sugerencia que tengáis, estamos a vuestra entera disposición. No dudéis en poneros en contacto con nosotros y gustosamente intentaremos responderos a la mayor brevedad posible.

EQUIPO SAN PABLO – FRONTERA/HEGIAN

Francisco de Asís: el signo de un hermano

En el VIII centenario de su muerte (1226-2026)

Mª Ángeles Gómez-Limón, Juan Oliver y Jesús Torrecilla

Abreviaturas de algunos escritos de Francisco y biografías sobre él

Adm	*Admoniciones*
AlD	*Alabanzas al Dios altísimo*
BenL	*Bendición al hermano León*
Cánt	*Cántico de las criaturas*
1CtaF	*Carta a los fieles*, primera redacción
2CtaF	*Carta a los fieles*, segunda redacción
CtaL	*Carta al hermano León*
CtaM	*Carta a un ministro*
CtaO	*Carta a toda la Orden*
ExhCl	*Exhortación cantada a Clara y sus hermanas de San Damián*
OrSD	*Oración ante el Cristo de San Damián*
Rb	*Regla bulada de los Hermanos Menores* (1223)
Rnb	*Regla no bulada de los Hermanos Menores* (1209-1221)
SalVir	*Saludo a las virtudes*
Test	*Testamento*
UltVol	*Última voluntad para Clara y sus hermanas de San Damián*
VerAl	*Verdadera alegría*
AP	*Anomia Perusiana*
1Cel	*Vida de san Francisco*, de Tomás de Celano
2Cel	*Vida segunda de san Francisco*, de Tomás de Celano
Flor	*Florecillas de san Francisco*
LM	*Leyenda mayor*, de san Buenaventura
LP	*Legendae Perusiana*
TC	*La leyenda de los tres compañeros*, de K. Esser

Presentación

Este año 2026, la Familia Franciscana en todo el mundo celebra el VIII centenario de la muerte del hermano Francisco, de su *tránsito*, como solemos decir. Sabéis bien que estos acontecimientos, más allá de lo celebrativo, tratamos de convertirlos en un impulso para nuestra vida consagrada, para nuestra vida cristiana. Así ha sido entre nosotros. Hemos vivido este «centenario franciscano» con *un centenario articulado y celebrado en varios centenarios (2023-2026)*. En este camino hemos recordado algunos de los episodios más significativos de los últimos años de la vida de Francisco: la aprobación de la Regla de los Hermanos Menores y la Navidad en Greccio (1223), la impresión de los estigmas en su cuerpo (1224), la composición del *Cántico de las criaturas* (1225) y, finalmente, su muerte (1226). Y se nos ha insistido para que este itinerario pudiera ayudarnos a una mayor profundización carismática, a colaborar en la reforma eclesial del papa Francisco –en tiempos de sínodo– y a visibilizar lo franciscano, más allá de nosotros, en otros espacios.

Creemos, sinceramente, que san Francisco es *de todos, todos, todos*. De alguna forma, el primer papa que a lo largo de los siglos ha llevado su nombre, así nos lo ha recordado. Su nombre ha inspirado su acercamiento al Evangelio, a toda la Iglesia y al conjunto de la Humanidad con los desafíos que tiene delante en este concreto momento histórico.

Esta significatividad y esta amplia fraternidad son las que queremos expresar y compartir a través de este número de Frontera/Hegian. En estos seis capítulos que siguen os queremos ofrecer un acceso al hermano Francisco. Habría diferentes maneras de hacerlo. Esta no pretende recoger de manera sistemática y completa su vida y su espiritualidad. Más bien, hemos identificado algunos desafíos actuales, signos de nuestros tiempos, que los creemos comunes a todos, y los hemos leído y pensado desde Francisco, porque también fueron suyos.

También por ese sentido de familia, de fraternidad, de remitirnos todos a Francisco, lo hemos hecho entre varios: Mª Ángeles Gómez-Limón (Pastorina), Juan Oliver (Franciscano) y Jesús Torrecilla (Capuchino). No es fácil escribir «a tres manos», notaréis las diferencias de estilo entre unos capítulos y otros. Pero sí hemos querido tratar de dar una unidad al conjunto de la reflexión. Para ello, decidimos recorrer en cada capítulo los mismos pasos:

- *Escuchar*, mirando algunos datos de la realidad actual.
- *Evocar*, presentando a Francisco en su mensaje, palabras, espiritualidad.
- *Repensar*, sugiriendo caminos y pensamiento para nuestro hoy.
- *Encarnar*, recogiendo algún testimonio concreto de vida cristiana y franciscana.

Al hermano Francisco le gustaba que sus hermanos cantasen por los caminos del mundo las alabanzas del Señor, el cántico, y también que hiciesen copias de sus pequeños escritos y las hicieran llegar a otros. En todo ello creía que había *espíritu y vida*. Que aquí podamos seguir acercándonos a Él, al Señor de todos, a través del *signo del hermano Francisco*.

Capítulo 1

Acoger el Misterio de Dios

ESCUCHAR

El contexto que nos toca vivir sigue siendo un contexto religioso. Quizás de una manera inesperada y sorpresiva, porque lo previsto hace tiempo era *la muerte de Dios*. Desde luego, no primera ni principalmente, ya que podemos nombrar antes muchas cosas que identifican y definen más intensamente nuestro momento histórico: secularización, tensiones geopolíticas, era digital, IA... Pero sí, en este mundo postcristiano, Dios sigue teniendo, hoy, una vigencia, un lugar.

Estos días que escribo pasan algunas cosas que, en la superficie de las noticias cotidianas y sin querer encumbrarlas, ponen nombre a esa realidad más o menos oculta y cuantificable. El libro del último premio Princesa de Asturias de Comunicación y Humanidades, el filósofo Byung-Chul Han, lleva por título *Sobre Dios. Pensar con Simone Weil;* la película premiada con la Concha de Oro en el Festival Internacional de cine de San Sebastián (septiembre 2025) ha sido *Los domingos,* un film que narra la historia de una chica que empieza a descubrir su vocación a la vida religiosa contemplativa; en estos inicios de noviembre, la famosa cantante Rosalía presenta su último disco *Lux*, inspirado en la mística femenina y en el cual bucea en el contraste entre espiritualidad y mundo terrenal, y el pasado 27 de octubre, en el diario El País, aparecía un artículo de opinión, *El giro católico,* firmado por Diego S. Garrocho –profesor en la Universidad Autónoma de Madrid– que comenta este «cambio en relación con el uso de la estética religiosa y que puede que sea algo más».

Un contexto religioso, eso sí, muy plural y variado. Con distintas acepciones y contenidos detrás de este nombrado interés por la espiritualidad; y con dis-

9

tintas direcciones que toma dicho interés: más o menos institucionalizadas, más o menos emotivas, más o menos conocidas, más o menos difusas. Sigue habiendo una atracción por los grandes creyentes, por los maestros; a mucha gente le gusta acercarse a figuras como Juan de la Cruz, Teresa de Ávila, Simone Weil, Etty Hillesum, Edith Stein; otras personas participan en pequeños grupos de meditación, silencio, espiritualidad, que ofrecen maestros y métodos más o menos conocidos.

Quizás, ahí, en medio de todo, una de las preguntas más determinantes llegue a ser, sencilla y profundamente, *qué Dios*. Y, particularmente, el desafío será, como siempre, acertar a sugerir y revelar el Dios de Jesús, el Dios que revela un Siervo Crucificado; y sujetarnos a esa revelación, a ese cristianismo radical. En este sentido, igualmente, cabría convenir que, en la historia, los grandes creyentes –Francisco entre ellos–, de distintas maneras porque distintos son los contextos, nos acercan y nos provocan hacia lo original cristiano; nos sacan de sus deformaciones y construyen una histórica y concreta posibilidad para el Evangelio.

Creo que esta no es una percepción «interesada»: por consolarnos, por tener prisa en ver mejoras y en volver a lo fuerte dentro de este mundo religioso –como si ese lugar, esa sensación, fuera lo propio suyo–, por no soportar lo insignificante y marginal de la fe en la sociedad. Desde luego, no hay un cambio de tendencia significativo y la pertenencia religiosa cultivada es minoritaria. Pero pareciera que sigue habiendo, abriéndose, una posibilidad para intuir y acoger el Misterio de Dios que nos envuelve, y para hacerlo con verdad. Quizás, así lo creo, siempre la hay, por áridos y desafiantes que nos resulten algunos momentos históricos. Un poco a la manera, con la inspiración, con la que rezaba Etty Hillesum un 12 de julio de 1942:

Voy a ayudarte, Dios mío, a no apagarte en mí, pero no puedo garantizarte nada por adelantado. Sin embargo, hay una cosa que se me presenta cada vez con mayor claridad: no eres tú quien puede ayudarnos, sino nosotros quienes podemos ayudarte a ti y, al hacerlo, ayudarnos a nosotros mismos. Esto es todo lo que podemos salvar en esta época, y también lo único que cuenta: un poco de ti en nosotros, Dios mío. Quizá también podamos contribuir a sacarte a la luz en los corazones devastados de los otros.

EVOCAR

Francisco llegó a recrear una propuesta cristiana seria y atractiva en su época. Un momento histórico, aquel de los inicios del siglo XIII, igualmente marcado por el cambio, la transformación social, política y religiosa; marcado por la búsqueda, los intentos, las demandas de nuevas formas de vida cristiana. Un mundo nuevo que amanecía y que necesitaba otro tipo de presencia cristiana. Francisco era un ciudadano, hijo de ese mundo emergente, conocía su sensibilidad y sus aspiraciones. A la vez, se fue forjando en un camino propio y personal; en una biografía con anhelos, posibilidades, intentos, preguntas, fracasos, crisis; y que desencadenó un proceso de conversión, de vuelta, a través del cual aconteció en su vida una revelación, un

don, imprevisible y sorprendente. Dicho itinerario le llevó, de una parte, a nombrar a Dios de una manera total, viva, absoluta, personal; y de otra, a situarse en aquel mundo de una manera, así mismo, impensable para él.

Constatando estas condiciones de posibilidad, podemos decir que en Francisco conviven, ya de inicio, dos intensidades que se fecundan mutuamente: una exterior y social, que tiene que ver con el mundo al que pertenece y en el que esperaba triunfar, y otra interior y personal, que se refiere y sintetiza los avatares de su proceso de apertura y de cambio, a través de la cual va a ser llevado hacia otro mundo posible.

Algo queda patente también en este arranque inicial: que le hizo falta tiempo, bastante tiempo –entre 1205 y 1209 podríamos datar este tiempo de conversión–. En su caso, la intuición se fue gestando lentamente, la revelación acontecida fue como el fondo de muchas cosas, de muchas transformaciones. Y Francisco es «un convertido»: lo que ocurre en él ocurre en un adulto, más o menos en la mitad de su existencia. El haber vivido este arduo proceso de conversión, parece que radicalizó en él una cierta conciencia de «lo dramático» de la vida: del Don recibido y de la posibilidad de no estar en él –algo cercano al «tarde te amé» de san Agustín–.

Y practiqué con ellos la misericordia

El Señor me dio a mí, el hermano Francisco, el comenzar de este modo a hacer penitencia: pues, como estaba en pecados, me parecía extremadamente amargo ver a los leprosos; pero el Señor mismo me llevó entre ellos, y practiqué con ellos la misericordia. Y, al separarme de ellos, lo que me parecía amargo se me convirtió en dulzura del alma y del cuerpo. Y después de un poco de tiempo salí del mundo. Y el Señor me dio una fe tal en las iglesias que así, sencillamente, oraba y decía: te adoramos, Señor Jesucristo, también en todas tus iglesias que hay en el mundo entero y te bendecimos, pues por tu santa cruz redimiste al mundo (Test 1-5).

Todos los que nos acercamos a Francisco conocemos, casi de memoria, estos versículos iniciales de su *Testamento* en los que él parece dividir su existencia en un antes y un después: lo que señaló ese momento fue lo vivido entre los leprosos en su juventud ya adulta. Muchos aspectos tienen que ver y se iluminan desde este acontecimiento, pero queremos evocar sobre todo uno. En su permanecer entre los leprosos, finalmente, Francisco va a intuir y acoger el Misterio de Dios, la novedad de Dios en su vida; y lo va a hacer no en lo excepcional de la mística, en un monasterio, sino en la pobreza de la carne, en los márgenes de su ciudad y de su vida. Lo que le hizo volver existencialmente a Dios no fue una experiencia mística, solitaria, sino que encontró el mundo de Dios, la lógica de Dios, sumergiéndose radicalmente en el mundo de la gente, la más despreciable, la que parecía menos propicia para llevarle a la paz de Dios. A través de ese encuentro vivió un proceso de salir de su universo –estar entorno a sí mismo, ser centro absoluto, vivir desde el dominio, la usura y el arribismo– para entrar en otra lógica, la que Dios manifiesta en Jesús –hecha de acogida honda, pobreza, humildad, servicio–. Allá donde no esperaba reconocer nada interesante y valioso para su vida, encontró el horizonte de lo máximo: la Misericordia es lo máximo de Dios y de la relación.

En este sentido, no fue Jesús quien le llevó a «comprometerse, vencerse» con los leprosos, sino que desde lo intuido entre ellos pudo acceder a un encuentro nuevo y vivo con la persona de Jesús, con su revelación y misterio. Ahora intuye también que la verdad de Jesús, la cruz de Jesús, está hecha de fragilidad y Misericordia. La existencia de Jesús, su historia, resumida en este desenlace final, está marcada por esos mismos trances. Y en ese Jesús pobre y crucificado, Dios se revela. Lo intuido entre los leprosos le posibilitó un nuevo acceso a Jesús; y lo que ahora descubre en Jesús confirma y ahonda lo vivido entre los leprosos.

Esta nueva lógica que Francisco fue descubriendo, fragilidad y Misericordia, es la lógica de la cruz de Jesús. En sí misma comporta un invertir los criterios de valor, de juicio y de comportamiento habituales en el mundo y en la sociedad. Y es la lógica del Evangelio mismo; por eso se le fue revelando como «la lógica a seguir».

Lo intuido entre los leprosos le posibilitó un nuevo acceso a Jesús; y lo que ahora descubre en Jesús confirma y ahonda lo vivido entre los leprosos.

Seguir las huellas de tu amado Hijo, nuestro Señor Jesucristo

Seguir la doctrina y las huellas de nuestro Señor Jesucristo. Observar el santo Evangelio de nuestro Señor Jesucristo, Observar la pobreza y la humildad y el santo Evangelio de nuestro Señor Jesucristo. Seguir las huellas de tu amado Hijo, nuestro Señor Jesucristo. Y seguir sus huellas y pobreza. Y seguir hasta el fin sus santísimos preceptos. Quiero seguir la vida y la pobreza del altísimo Señor Jesucristo (Rnb 1, 1; Rb 1, 1; 12, 4; CtaO 50; CtaL 3; OfP 7, 8; 15, 13; UltVol 1).

Decimos actualmente que la fórmula más breve para expresar lo que es la vida cristiana es *seguir a Jesús*. Así fue también para Francisco. En esas breves palabras, con pequeñas variantes y matices, que siempre son insistencias en el mismo centro del seguimiento, quedó resumido aquello a lo que fue llevado, su deseo y aspiración. Ese fue su estribillo y su anhelo, aquello a lo que insistentemente exhortaba a unos y otros. Esa fue la palabra de la que fue destilando un pensamiento, una sabiduría. Porque «las palabras de nuestro Señor Jesucristo, que es la Palabra del Padre, y las palabras del Espíritu Santo son espíritu y vida» siempre (2CtaF 3).

Francisco no quiso ser ni clérigo, ni monje, ni eremita, ni cátaro o valdense; identidades y formas de vida que tuvo cerca y que conoció en su ambiente socio-religioso. Quería vivir y proponer una experiencia religiosa absolutamente original en su contexto. Algo que, curiosamente, le llevó a volver a lo esencial, a recuperar un acceso directo e interpelante al Evangelio. Y, fundamentalmente, esa ha sido su novedad: el Evangelio eterno reactualizado significativamente; el Evangelio limpio, despojado de toda cultura sacral, religiosa, moral o institucional y hecho vida. Vida personal, vida ciudadana, vida relacional, virtudes personales y valores sociales. Eso fue adquirir el origen, la fuente, la capacidad de afirmarse plenamente como Evangelio frente a toda otra sistematización. Francisco vive en la posibilidad de configurar la vida en la literalidad del Evangelio, en las huellas de Jesús, en su pobreza y humildad: «Esto es lo que yo quiero, esto es lo que yo busco, esto es lo que en lo más íntimo del corazón anhelo poner en práctica» (1Cel 22).

Este *seguir la doctrina y las huellas de Jesús,* en lo concreto, fue una forma de vida diferente en los márgenes de Asís, una forma de vida alternativa. La concreta forma de vida de los Hermanos Menores quiso ser una alternativa «a la vida que se seguía en Asís»: a la valoración y comprensión de la vida que allí se hacía y que emergía como nueva y moderna, al tipo de relaciones que allí se instauraban. Realmente el seguimiento de Jesús fue para Francisco salir de un mundo, del siglo, y entrar en otro mundo de valores, en otra lógica, la del Evangelio, la del

Crucificado. Pero, como sugiere Pietro Maranesi, «salió del mundo porque se metió hasta el fondo»; porque el Evangelio le abrió a un mundo nuevo, a un nacimiento nuevo, a otro lugar social.

Esposos, hermanos y madres de nuestro Señor Jesucristo

Y sobre todos aquellos y aquellas
que hagan estas cosas
y perseveren hasta el fin,
reposará el Espíritu del Señor y
hará en ellos habitación y morada.
Y serán hijos del Padre celestial,
cuyas obras realizan.
Y son esposos, hermanos y madres
de nuestro Señor Jesucristo.
Somos sus esposos cuando
el alma fiel se une a Jesucristo
por el Espíritu Santo.
Somos sus hermanos cuando
cumplimos la voluntad de
su Padre, que está en el cielo;
somos sus madres, cuando
lo llevamos en el corazón y
en nuestro cuerpo por el amor
y por una conciencia pura y
sincera, y lo damos a luz
por las obras santas,
que deben ser luz para los demás
por el ejemplo (2CtaF 48-53).

La persona de Francisco queda centrada ahí: en la posibilidad que el Padre nos da en la carne histórica de su Hijo. Para él todo queda resumido en la opción que Dios ha hecho en la historia: Jesucristo. Con él establece y vive una relación total, marcada por la radicalidad; una relación personal y viva, afectiva, familiar, que envuelve toda la persona a través de todos sus sentidos. Se expresa como SEGUIR sus huellas, ESCUCHAR su Palabra, VER y TOCAR su cuerpo y su sangre, HABITAR su Palabra en el corazón, ADMINISTRAR las fragantes palabras de mi Señor, MIRAR la humildad de Dios...

El texto que recogemos arriba, perteneciente a la segunda *Carta a todos los fieles* –que toma pie de Jn 14,23–, es considerado por algunos autores como el texto más místico de Francisco. Un texto, un destino, que está dicho, curiosamente, para todos los fieles; para todos aquellos y aquellas comprometidos en una vida en penitencia –es decir, una vida en conversión, una vida cuidada–; para todos, todos, todos. Un texto, seguramente, escrito después del acontecimiento particular y único de los estigmas, pero en el cual no se detiene ni «condiciona», aparentemente, su comprensión de la vida cristiana. Francisco descubre y comprende el fondo de la existencia cristiana en esa vinculación intensa con la persona de Jesús; en ese vínculo íntimo y concreto, corporal y espiritual, lleno de familiaridad, que unifica a la persona y que es su plenitud.

En este mismo sentido, descubrimos cómo Francisco, en los escritos que se nos han transmitido, particularmente en sus oraciones, también ha querido nombrar a Dios de una manera afectiva, poética. Muchas veces echando mano del lenguaje de la Escritura, de la liturgia y de algunas jaculatorias aprendidas de memoria y modificadas; y en otras ocasiones creando textos poéticos –particularmente el *Cántico de las criaturas* y el *Escuchad, pobrecillas*– e, incluso, acompañándolos de una música. Él se comprendió a sí mismo y a los hermanos menores como *juglares de Dios*, y eso conllevaba un sentimiento abierto, lúdico, vital y popular del Evangelio.

Dios: Tú eres, Tú eres...

Amemos todos con todo el corazón, con toda el alma, con toda la mente, con toda la fuerza y fortaleza, con todo el entendimiento, con todas las energías, con todo el empeño, con todo el afecto, con todas las entrañas, con todos los deseos y quereres, al Señor Dios...
Ninguna otra cosa, pues, deseemos, ninguna otra queramos, ninguna otra nos agrade y deleite, sino nuestro Creador y Redentor y Salvador, el solo verdadero Dios, que es el bien pleno, el todo bien, el total bien, el verdadero y sumo bien...
Nada, pues, impida, nada separe, nada se interponga; nosotros todos, en todas partes, en todo lugar, a toda hora y en todo tiempo, todos los días y continuamente, creamos verdadera y humildemente, y tengamos en el corazón y amemos, honremos, adoremos, sirvamos, alabemos y bendigamos, glorifiquemos y sobre exaltemos, engrandezcamos y demos gracias al altísimo y sumo Dios eterno, Trinidad y Unidad, Padre e Hijo y Espíritu Santo, creador de todas las cosas y salvador de todos los que en Él creen y esperan y lo aman (Rnb 23, 8-10).

Francisco nos trae a Dios: su misterio y totalidad en esta carne nuestra, en esta historia nuestra. Un Dios de relación personal e intimidad, un Dios de apasionamiento, un Dios cercano y trascendente, un Dios de intimidad y de obediencia *(el Padre Santo)*, un Dios absoluto, un Dios que es el Sumo Bien, un Dios difícil, un Dios crucificado... El Dios de Jesús.

En todo lo real, al fondo, Francisco ha escuchado y nombrado a Dios mismo, al Dios que llama y guía hacia sí desde lo concreto, al Dios que coloca al hombre en trance de conversión. De esa manera Dios es el Tú de Francisco, Alguien ante quien está. Su vida no es un proyecto que empieza y termina en él, sino que está plantada ante Dios como origen, camino y destino; está en referencia continua a Otro. Francisco contempla y fraterniza y goza con las criaturas; y a la vez, las remite y lleva, y le llevan, a su Creador: todo es bueno y «tú eres el bien, todo bien, sumo bien, Señor Dios vivo y verdadero». Escuchar a Francisco nombrar a Dios acumulando epítetos, revela el realismo, la verdad última de su encuentro

con Él; la sensación de que con Dios no se acaba. «¡Dios mío, mi todo!» (Flor 2).

Este sentido de Dios, esta capacidad de Dios, se expresa en Francisco en una mirada contemplativa hacia la realidad, una mirada fiel y devota:

Dichosos los limpios de corazón, porque ellos verán a Dios. Son verdaderamente limpios de corazón los que desprecian las cosas terrenas, buscan las celestiales y nunca dejan de adorar y contemplar al Señor Dios vivo y verdadero con corazón y alma limpios (Adm 16).

Como decíamos, para él siempre hay un mundo exterior e interior del que salir, una superficialidad a abandonar y una nueva comprensión, otra profundidad, que se busca, intuye y ante la cual se vive.

La santa obediencia, la santa escucha

La santa obediencia confunde a todos los propios quereres corporales y carnales; y mantiene mortificado su cuerpo para obedecer al espíritu y para obedecer a su hermano, y está sujeto y sometido a todos los hombres que hay en el mundo; y no solo a los hombres, sino también a todas las bestias y fieras, para que, en cuanto les sea dado de lo alto por el Señor, puedan hacer de él lo que quieran (SalVir 14-18).

La obediencia, en Francisco, antes que con algo jerárquico tiene que ver con el oír, con la escucha. Francisco es alguien que ha escuchado la vida: su propia persona, los acontecimientos, sus intentos y fracasos, sus preguntas y sus encuentros... Eso hace descubrir en él una sensibilidad, una capacidad de dejarse afectar, una inquietud y un anhelo profundo, un deseo de absoluto. Él ha renacido desde sí mismo –no desde sueños, visiones o milagros–. Desde este mundo interior suyo sometido a crisis por los fracasos; desde lo profundo, en búsqueda de su identidad más propia –«Señor, ¿qué quieres que haga?»–; desde la elaboración de los datos que le ofrecía la vida;

desde un talante de autenticidad y verdad. Todo él reducido a sí mismo, a la soledad y responsabilidad para con su vida entera. Todo lo que fue su vida se explica y brota desde esta escucha honda y constante. Al fondo de la cual ha escuchado y nombrado a Dios, al Dios que llama y guía hacia sí desde lo concreto y, así, fundamenta su vida.

De esta manera, para Francisco el hombre se convierte en el ser de la obediencia, el ser de la escucha. Es la actitud que le coloca en su lugar originario: desapropiado, obediente, menor (cf Adm 2). Es el comportamiento de la mente y el corazón lo que puede interrumpir la búsqueda de la propia voluntad –gloria, orgullo–, impidiendo así el riesgo de la auto afirmación. Escucha al Espíritu y escucha al propio hermano en su inmensa diversidad, vertical y horizontal. La escucha auténtica del Misterio insondable de Dios y de la ambigüedad y diversidad escandalosa de la carne de los hermanos constituye para Francisco la realización misma de su propia identidad.

> De esta manera, para Francisco el hombre se convierte en el ser de la obediencia, el ser de la escucha.

En la escucha y el diálogo con toda situación y persona, Francisco no busca encontrar la vía para «convertir al mundo, convertir al otro a lo mío», sino para vivir y realizar su única misión: liberar su corazón del deseo del poder para someterlo a la Misericordia. La escucha, la acogida y de seguido el diálogo son el camino para cambiarse a sí mismo, no a los otros, y poder ser un verdadero Hermano Menor. Este es el verdadero y más difícil diálogo consigo mismo para permanecer como Hermano Menor: hacerse escucha y más escucha. Y la fidelidad a este lugar en el mundo podrá, cuando Dios quiera, transformar el mundo. En el corazón de la identidad de los Hermanos Menores está el ser «escuchantes, oyentes».

REPENSAR

Lo evocado en Francisco, los subrayados en los que hemos querido sugerir algo del camino a través del cual él se fue abriendo al Misterio de Dios en su vida, nos suscitan hoy unas breves reflexiones, no todas las posibles. De esta forma, seguimos haciendo como un diálogo entre la vuelta a las fuentes y la escucha de los signos de los tiempos.

La intensidad de su aventura humana y creyente, su resonancia personal y social, la juntura entre misterio y concreción, la radicalidad y creatividad de su voz y su palabra, hacen que todo lo que a él se le ha dado y revelado (cf Test) pueda ser recogido no tanto en la figura de un *fundador*, sino, como sugieren algunos, en la de un *profeta*. Su estar y caminar ante Dios adquiere un talante profético, audaz, que colorea toda su existencia creyente y que, a su vez, se sugiere para nuestra vida cristiana hoy.

Construir la experiencia creyente

Francisco se fue construyendo como creyente: a sí mismo y a los suyos, podríamos decir. Algo que a nadie se nos ahorra; ni a nivel personal ni comunitario y eclesial. En medio de cada momento histórico, en un contexto con variadas espiritualidades, toca construir la experiencia creyente desde lo irrenunciable de la espiritualidad cristiana, del Evangelio. En diálogo con todo y en este sentido de lo propio, de lo originario, de lo radicalmente cristiano.

Una experiencia creyente que, lo primero de todo, es encuentro personal, intuición personal de Dios antes que valores, compromiso, estética, moral. Una experiencia que hacia ahí quiere llevar y caminar: hacia esa viveza del encuentro, del yo y del Tú. El primer lugar del Misterio es la propia carne, la propia persona. Y ahí, en todo lo humano, un vacío que se ensancha y se abre; una grieta que atraviesa y perfora toda la realidad. Una experiencia que se sostiene en una intensidad personal e histórica, íntima y concreta, poética y comprometida, mística y política; en el mejor sentido de todas estas palabras que tanto sintetizan. Y así poder hacer que los nuestros sean «tiempos para orar y practicar la justicia» (D. Bonhoeffer). No sería poco: una fe que encara y profetiza así la realidad de hoy.

De alguna forma, diríamos que, hoy, la espiritualidad franciscana nos empuja a colaborar

De alguna forma, diríamos que, hoy, la espiritualidad franciscana nos empuja a colaborar con una nueva recuperación de Jesús.

con una nueva recuperación de Jesús, con una nueva vivencia de la fe en él hoy: sencilla y viva, encarnada y mezclada con la vida concreta, seria y amable. Que vuelve a lo esencial: seguir a Jesús, escuchar a Jesús, mirar a Jesús. Con una sensibilidad y «capacitación» particular para rastrear el Misterio de Dios en la historia compleja y muchas veces muda, para mezclar a Dios con lo humilde. Construir, sugerir, intuir ese «lugar de Dios». De alguna forma lo que está en juego en nuestro hoy, el desafío histórico a la fe, antes que con cuestiones particulares o parciales, tiene que ver con algo radical: el Evangelio y la comunidad eclesial, su credibilidad histórica.

Una búsqueda conectada con la propia persona y cotidianidad

En línea con lo anterior, descubrimos cómo el acceso personal de Francisco al Misterio ha sido a través de un proceso de búsqueda conectada con su propia persona y con su contexto socio-histórico; no ha sido algo mágico, deshistorizado o desencarnado. Nos sugiere un proceso vivido en el propio ser, en la propia realidad: desde las propias preguntas o insatisfacciones, desde sus anhelos y deseos, desde las cuestiones que brotan en su mundo interior y en todo su mundo social y relacional. Un proceso creyente que va de la mano y construye la propia singularidad, la vocación originaria, *profética*, de cada uno. Un proceso que crea el signo, primero y principal, de cada persona, de cada creyente.

El itinerario de nuestra fe camina al hilo de la propia biografía, de las propias experiencias y momentos vitales: en la salud, en la enfermedad, en el sufrimiento, en el gozo, en el conflicto, en la paz, con las propias contradicciones, en el éxito, en el fracaso, dejándonos llevar al extremo... Dicho desde la poética del *Cántico*, que recoge el todo de Francisco y que mira más hacia dentro que hacia fuera, construyendo en la propia vida y persona un poema que dialoga con todas las criaturas: afrontando y hermanándonos con cada una, con cada experiencia humana, hermanándonos hasta con la muerte.

En este sentido, Francisco, perteneciendo a un mundo distinto, nos lleva hacia un camino creyente integrado, que trata de integrar todo. La persona con todos sus sentidos, con todas sus potencias. El cuerpo, la sensibilidad, la sabiduría del discernimiento práctico, la mística en lo cotidiano, el corazón... Ahí, el Evangelio, las marcas y huellas dejadas por Jesús, el Tú de Dios, que se convierte en centro que unifica y que seduce, atrae, se adueña del corazón humano. Llevados hacia un camino creyente hecho con calidez, colocado en la afectividad profunda más que en la emotividad.

Para Francisco, para todos, fue un camino arduo, tenso; en el que tuvo que dialogar con todo su narcisismo y perfeccionismo. Un camino necesitado de ascesis, sobre todo en el sentido de mucha lucidez interior. Algo que, en un contexto como en el nuestro, puede convertirse en una invitación a recuperar el sentido a través de la atención, el silencio, la belleza y la trascendencia.

Este camino no se convierte en algo intimista, ni pretende crear un mundo paralelo al existente: frente a un mundo no religioso y, generalmente, indiferente, un mundo explícitamente religioso. Me atrevería a decir que Francisco, más que fundar una Orden o convertirse, él y su movimiento, en un colaborador de la necesaria reforma eclesial en aquella época, lo que quería era sugerir un Evangelio pegado a la realidad. Su constante exhortación a unos y otros a «hacer penitencia, dar frutos dignos de penitencia, a vivir espiritualmente y no carnalmente», así como su vivir como una revelación el llevar el saludo de la paz y su intervención en distintos conflictos ciudadanos (Asís, Arezzo...) hablan de su seguir descubriéndonos el Evangelio como una vida concreta, mezclado con los asuntos de la vida. Una primariedad de este sentido encarnatorio, hondamente antropológico, una valorización de lo cotidiano, un vivir constantemente en el templo del cuerpo y de la realidad.

Hablar de Dios, cuidar de Dios, callar de Dios

Así, esta sensibilidad creyente, remite, descubre y revela a un Dios personal: «mi Dios y mi Todo» (Flor 2), «mi Padre santísimo» (OfP), «Tú eres, Tú eres» (AlD)... Un Dios del que hablar, al que cuidar y del que callar. Francisco ha nombrado mucho a Dios con palabras suyas y con muchas otras de la Escritura; ha cuidado de Él, fundamentalmente, atándose al Dios que se revela en un Mesías pobre y crucificado, en el Siervo Jesús, y creando una sabiduría del discernimiento cristiano lúcida en los distintos «escenarios de riesgo» que amenazan su seguir las huellas de Jesús y su identidad de Hermano Menor –el poder y dominio en el ejercicio de la autoridad, o en el brillo de lo académico, o en el éxito en la predicación, o...–; y ha callado sobre Dios, le parece algo delicado, del cual uno no se puede aprovechar en ninguna situación. No deja de ser curioso, en este sentido, su no nombrar y ocultar todo lo referido al acontecimiento de las llagas.

De alguna forma, nuestros tiempos demandan una actitud mística en lo cotidiano, conectada antropológicamente, y que puede tener que ver con variados elementos: recuperar la dimensión perdida de la profundidad, el sentido de la admiración y la belleza, un lenguaje diferente en el que poder verter la experiencia religiosa, el reto del silencio, la no indiferencia hacia las problemáticas sociales y de las personas pobres... Tengo la impresión de que, finalmente, hoy, los creyentes, somos poco, si no se nos percibe, primeramente, como personas que buscamos a Dios:

Al final ahí se sostiene la aventura que hacemos ante el Misterio de Dios: en los caminos personales y en las realidades comunitarias.

«buscadores de Dios» en este modo misterioso suyo. Más allá de nuestras variadas actividades y ropajes religiosos, quizás demasiados todavía, en el fondo, algo falta si no transmitimos y sugerimos el encuentro con el Misterio que es. En este sentido, lo franciscano no es algo «simple», sino serio.

Así, Francisco nos lleva a la novedad del Evangelio, a la novedad de poder ser inicio, a una creatividad que trata de conectar significativamente el Evangelio con esta historia. No primeramente por inventar, por hacer cosas diferentes desde algo externo, sino por escucha

y arraigo en estos tiempos. Por lo general, eclesialmente y en la vida consagrada, arrastramos mucho peso, no hay muchas fuerzas. Esta escasez podría esencializarnos y hacernos significativos en lo poco a lo que hoy alcancemos. Quizá nuestra creatividad sea pequeña, tenga formas humildes; pero podemos construir propuestas inteligentes, con cierto atractivo. Los «tiempos de Dios» pueden ser tiempos de pequeños y atrevidos intentos en el hablar, cuidar y callar del Misterio.

Personas y comunidades

En Francisco nos llega con viveza el regalo y la necesidad del hermano, del creyente (singular) y de los hermanos, la fraternidad (plural). Lo «repensado» creo que nos vuelve a abocar a ese lugar conocido: personas y comunidades. Al final ahí se sostiene la aventura que hacemos ante el Misterio de Dios: en los caminos personales y en las realidades comunitarias.

Algo que tiene que ver con nuestra autonomía, con nuestra soledad, con la necesidad y el sentido de pertenencia, con el cuidado interior del propio camino y con el llegar a «custodiar las almas de los hermanos» (Rnb 5, 1), con nuestra capacidad de compartir y vincularnos desde lo mejor... De alguna forma, también, dicho simbólicamente en palabras franciscanas, con un vivir entre el eremitorio y la ciudad.

¿Cuál, cómo, será la comunidad cristiana del futuro, los lugares donde el Misterio de Jesús, el Misterio de un Dios Crucificado, seguirá latiendo y trayendo un fuego a la tierra? No es fácil imaginar y adelantar lo que está por venir; quizás, sencillamente, como en los orígenes, habrá una pluralidad de comunidades... Pensaba que el morir, «cerrar», de muchas comunidades de vida consagrada pudiera ser para crear, «abrir», alguna nueva comunidad cristiana. Porque creo que hoy tenemos delante la necesidad de comprendernos, personal y comunitariamente, de una manera más amplia; ya que, volvemos a decirlo, el desafío esencial hoy se refiere al Evangelio y a la Iglesia.

ENCARNAR: «Una casa de bastantes moradas»

En este tercer momento buscamos, de una manera sencilla, poner nombres a algunas experiencias de distintos grupos eclesiales y franciscanos. Se trata de visibilizarlas, de valorar los intentos, de sugerir desde lo que ha sido posible, de dejarnos inspirar unos por otros. El lugar que presentamos ahora se ha convertido en los últimos años, dentro de la ciudad, en un espacio significativo de propuesta cristiana –formación, celebración, compromiso– con un fuerte componente laical...

En Pamplona, la casa de los Capuchinos, en la calle Carlos III, se ha llamado siempre Convento San Antonio. Los frailes que aquí vivían, hasta un número cercano a los treinta, atendían la iglesia adjunta a la vivienda. Nunca fue parroquia, pero mantuvo un gran atractivo para gentes de su entorno y también para muchos de pueblos cercanos que acudían a la capital. La comunidad mantenía en la casa una escolanía, además de atender numerosas peticiones de párrocos rurales para misiones y atención pastoral. Eso fue. Ahora vivimos en la casa cuatro hermanos y no será por mucho tiempo más.

Sin embargo, creímos que el convento muy bien puede seguir siendo fiel a su nombre. ¿Por qué no? «Conventus» tiene el viejo sabor latino de reunión, asamblea; «convenire» era «reunirse», «ir juntos», «convenir» en la vida. Y eso siempre es posible, incluso en estos tiempos de tanta independencia personal. Tampoco se nos olvida la amistosa descripción que Jesús hizo de la casa de su Padre: una casa con moradas para todos. Nosotros no estamos llegando a tanto. Digamos que, simplemente, tratamos de hacer un convento, una convivencia para bastantes.

Ahora bien, si se trata de hacer convento con otros, de convenir en unas formas de vida comunes, no podría ser ya esta casa, al menos preferentemente, un lugar de servicios religiosos, o de labor asistencial de cualquier tipo. Ni sería ya el lugar de unos especialistas religiosos que instruyen o ayudan a los asistentes eventuales. Cuando eso sucede es claro que el ministerio se acabará con el final de los ministros.

Aquí se trata más bien de conseguir una familia de gentes que, si bien necesariamente desiguales, no obstante, vivan, en todo lo posible, en plano de igualdad. Más allá de celebrantes y monaguillos, de expertos y ayudantes, se pretende ir hacia una responsabilidad e iniciativas compartidas en todas las actividades que se emprendan, cada uno en su cometido. De tal manera que, si llega a realidad estable, el convento, el vivir juntos, pueda seguir de manera semejante cuando no haya frailes. Puesto que convento somos ahora y seguirán siendo luego todos los que participen en la oferta.

Por supuesto, no se trata de ninguna novedad. Nada de creernos originales. Hace ya un tiempo que esto ya lo hacían los grupos de Pablo y otras gentes del primer siglo. Así que, en todo caso, lo interesante podría ser repetir lo semejante en tiempos del todo distintos. Hasta ahora podemos decir que no nos está resultando sencillo, pero seguimos en eso.

No pretendemos solamente, aunque ya fuera algo, que la casa vacía se abra a variados grupos y actividades, «religiosas» o no. Hasta ahí significaría tan solo ofrecer pensión a distintos huéspedes. Más bien queremos convertir ese cansino sonsonete –que puede ser muy bien otra habitual palabra sonajero, otra moda verbal pasajera– del Camino sinodal en propuestas útiles. Intentamos que haya grupos laicos que propongan y realicen con autonomía, más allá del asesoramiento o dirección clerical, actividades en *culto* –muy diversas formas de oración comunitaria, Celebraciones de la Palabra...–, en *formación espiritual* –charlas, talleres, ejercicios– o en *actividades solidarias*. Cada una de esas tres actividades principales, que no están dirigidas por Capuchinos, tienen un representante laico en el Consejo de la Comunidad.

Ir consiguiéndolo en tiempos de general alejamiento laical de las actividades eclesiales, agravado por un estilo de vida social donde prima lo individual, es todo un desafío. Pero mucho más desafió Francisco en Asís para crear una nueva manera de convenir, de ir juntos.

MIGUEL ÁNGEL CABODEVILLA

Para la reflexión personal y el compartir comunitario

- ¿Cómo te resuena, te llega, el texto de la reflexión?, ¿qué subrayarías desde ti, a nivel personal y fraterno?

- Leed y comentad el artículo de El País, *El giro católico,* disponible en https://elpais.com/opinion/2025-10-27/el-giro-catolico.html.

- ¿Qué es lo que más os ayuda hoy, personal y comunitariamente, para vivir la fe de una manera viva y significativa? ¿Echas algo en falta?

Capítulo 2

Existir vinculados

ESCUCHAR

En un mundo de relaciones no ya líquidas sino «volátiles», de pertenencias flexibles, de poliamor y *links,* me pregunto cómo resonará el título «existir vinculados». Me pregunto si es obvio o discutible, si suena a deseo esencial del corazón humano o parece trasnochado; si evoca algo circunstancial o alude a sabiduría y destino. Lo real es que estamos conectados. Ser persona –desde la gestación misma– es relación, vínculo, matriz biológica y psicosocial y experiencia universal humana. Nos hacemos siendo en plural. ¡Sin vínculos, moriríamos de inanición y de frío!

La experiencia dice que hay vínculos y vínculos. Están los que abrazan, acompañan, recogen nuestros desparramamientos. Los que impulsan y liberan. También, los que dañan. Hay vínculos que se eligen y vínculos que vienen dados –¿quién elige a su madre?–. Incluso los que vienen dados, hay que elegirlos de algún modo. Algunos permanecen, otros se van deshaciendo. Todos, por estar sujetos a nuestras libertades, evolucionan, incluso cuando permanecen. Toda vinculación tiene historia, y esa historia es la que permite intuir su consistencia y su futuro. Todos los vínculos, en un sentido u otro, pasan a ser parte de nuestra «dotación existencial», «marcas de vida», con las que vamos realizando la aventura de existir.

Al final, hablar de vinculación lleva a hablar de quién/quiénes me importan. Dicho de otro modo, a quiénes amo, con quiénes mi vida se hace responsabilidad. Los vínculos comprometen, «atan», piden acompasar la propia libertad con la de otro/s, y sea con fórmula oficial o sin ella, de manera recíproca o no. «Tú me conciernes», «tu persona me atañe personalmente»: el don de «ser con».

EVOCAR

No cabe pensar a Francisco de Asís sin vínculos, y vínculos implicativos. Las relaciones tuvieron una importancia crucial en su vida. Hijo amado de sus padres, tenía ese «don de gentes» que le facilitaba un mundo interrelacional, variado y rico. Entre sus contemporáneos había sido conocido como el «rey de la juventud» (1Cel 2), quizá tanto por su temperamento afable, empático y divertido, como por su generosidad derrochadora para invitar a fiestas y saraos.

El mismo proceso de conversión de Francisco supone, de hecho, un modo de reorientar sus amores, sus vínculos.

El regalo del tú: padre y madre, hermano y hermana

A Francisco, el Tú Dios «le ocurrió» *cuándo* y *cómo* menos lo esperaba. Un Tú que lo llenó todo, aunque no precisamente para facilitarle la vida según nuestra lógica. Y, desde entonces, fue vinculación Fontal, como vemos en otro apartado. Y, con Dios, a Francisco «le acronteció» el regalo del «tú». Un regalo que, como el del Tú, iría desplegándose, paso a paso, a lo largo de su vida. ¡Largo aprendizaje el de la relación, el de aprender a caminar con otros!

• *Mis hermanos los leprosos*
Dios llevó a Francisco donde este —exquisito y vanidoso— nunca jamás habría ido: los leprosos. Por gracia y por disposición personal, hubo un día en que no dio un rodeo. Y sucedió que pasó de ver a un «leproso» a ver «una persona con lepra». ¡Qué distinto es! Pudo ver, se le dio ver, en un leproso —adjetivo y, entonces, descalificativo— a un ser humano —sustantivo—, alguien con nombre propio, dotado de dignidad de hijo de Dios, sujeto de derechos, destinado a participar de los bienes de este mundo y del otro, con historia personal, con amores y desamores, con sueños y con infancia, con proyectos.

> Pudo ver, se le dio ver, en un leproso.

Un ser humano, un hijo de Dios, una persona como tú y como yo: un hermano, una hermana, alguien que me concierne.

A la vez, en esta nueva manera de mirar, queda transformada la forma de percibirse a sí mismo. En ese «me parecía amargo» asoma el propio inconsciente: miedos, repugnancias, esa selección espontánea entre «prójimos que sí y prójimos que no».

El encuentro y la dedicación a los leprosos es un tema de «caridad», sí; de apertura al diferente, también; de descubrimiento de Jesús Crucificado y estigmatizado en los márgenes, por supuesto; pero es también, y simultáneamente, liberación honda. La «dulzura del alma y del cuerpo» que menciona en el *Testamento* responde a esa transformación radical –de raíz– desde donde Francisco empieza a ser otro, nace de nuevo, y se hace prójimo. Así «recibe» el don de ser y hacerse hermano.

• *No diré más «padre mío, Pedro Bernardone», sino «Padre nuestro que estás en los cielos»*
El trazado de la afectividad familiar, más concretamente, el de la relación con su padre y el sistema que representaba, irá cargándose de tensión hasta ese punto álgido de ruptura tan conocido. Y es que, reconfigurada su identidad y su pertenencia, las figuras de autoridad, necesariamente, cambian. Así sucede, no solo por proceso y exigencia de madurez humana, sino, sobre todo, por ese vuelco que se ha dado en Francisco: quién soy, a quién pertenezco, a quién me debo.

A partir de ahora, solo llama «Padre» a Dios. No es que Francisco esté enfadado con Pedro Bernardone porque no le haya permitido entregar sus bienes a de los pobres, ni es cuestión de amor propio. Si así hubiera sido, el recorrido de la opción habría sido o muy corto o muy distinto. Es un grito de libertad: ha conocido, en medio de una historia concreta, la soberanía del *Abbá*. Desde entonces, ya sabe el para qué de su vida, para Quién es su vida.

Junto a la ruptura con la familia, hay que mencionar la ruptura con el entorno relacional vivido hasta ese momento. Desaparecen –se desvinculan– los amigos de antes –algunos «se recuperarán» después, pero como «hermanos»–. Francisco vivirá un tiempo como ermitaño, solo.

• *Primeros compañeros, hermanos según la forma del santo Evangelio* Dios sigue sorprendiendo. Un día se le acercó Bernardo, otro día fue Pedro, luego les seguirían otros. Francisco no sale de su asombro. Se preguntan: ¿qué es esto?, ¿quiénes somos?, ¿qué querrá el Señor? Este discernimiento se describe en las fuentes primitivas como «el descubrimiento del Evangelio como forma de vida»[1] y será momento decisivo en la configuración de la fraternidad naciente[2].

Para Francisco, es en fraternidad, y con la fraternidad, como se descubre la identidad vocacional y de misión. No quita libertad ni conciencia de identidad personal, al revés, la define. Existir vinculados da pertenencia, da misión, conciencia de «ser llamados juntos para». La misión franciscana se descubre en fraternidad y así se vive, sean cuales sean las concreciones en las que pueda concretarse.

> **Para Francisco, es en fraternidad, y con la fraternidad, como se descubre la identidad vocacional y de misión. No quita libertad ni conciencia de identidad personal, al revés, la define.**

• *También las mujeres, hermanas y compañeras: consagradas y laicas* Si sorpresiva fue la llegada de hermanos, no digamos el «acontecimiento Clara». No nos es fácil percibir hasta dónde llega, por una parte, la valentía inaudita de esta joven mujer al dar este paso, y, por otra, el atrevimiento de Francisco para incorporarla en su *forma de vida*, sabiéndola, sabiéndolas, parte de la «fraternidad» y con camino propio. Las fuentes reflejan la profunda conexión espiritual, el delicado respeto mutuo en sus caminos diferentes, la hondura de una confianza que no necesita contactos frecuentes. Francisco tendrá cuidado en acompañar y cuidar sin invadir espacios y sin sustituir. En la primavera de

---

[1] «Y después que el Señor me dio hermanos, nadie me mostraba qué debería hacer, sino que el mismo Altísimo me reveló que debía vivir según la forma del santo Evangelio [...]. Y los que venían a tomar esta vida daban a los pobres todo lo que podían tener; y se contentaban con una túnica, reforzada por dentro y por fuera, con el cordón y los calzones. Y no queríamos tener más. [...] Y éramos iletrados y estábamos sometidos a todos» (Test 14ss).

[2] Test 14; 1Cel; LM 3, 1; TC 25.

1225, meses después de la impresión de las llagas, gravemente enfermo, preferirá descansar y recuperarse cerca de Clara y sus hermanas en San Damián. En ese contexto compone el *Cántico* y la *Exhortación cantada para Clara y sus hermanas,* poemas también hermanos.

Encontramos otras mujeres significativas, con distintos caminos vocacionales, en la vida de Francisco: libertad afectiva, comunión en la diferencia. Destacan Jacoba de Settesoli, «Fray Jacoba», viuda romana muy cercana a Francisco y a la fraternidad. También Práxedes, penitente, a la que llega a concederle el hábito franciscano, signo de adhesión a la fraternidad.

La riqueza carismática de Francisco le posibilitará compartir «lo que el Señor mismo le reveló» a los laicos, que conoceremos después como «Tercera Orden» (cf 1CtaF 1 y 2CtaF).

Las biografías van enumerando muchas personas concretas –laicos, obispos, sacerdotes– que forman parte de la vida de Francisco, de su andadura creyente, de su aprendizaje vital. Es así como caminamos todos, por la entrañable misericordia de Dios.

Atreverse a ser hermanos, hermanas. Una muestra: Regla bulada 6, 7.9

Quizá un texto nos pueda servir de ejemplo para mostrar su experiencia de existir vinculados, de entender la relación fraterna:

Y dondequiera que estén y se encuentren unos con otros, muéstrense mutuamente familiares entre sí. Y manifiesta confiadamente el uno al otro su necesidad, porque si la madre nutre y ama a su hijo carnal, ¡cuánto más amorosamente debe cada uno amar y nutrir a su hermano espiritual! Y si alguno de ellos cayera enfermo, los otros hermanos le deben servir como querrían ellos ser servidos.

Es importante caer en la cuenta de que estas líneas se introducen justo después de afirmar que «los hermanos no se apropien de nada».

Veamos algunos subrayados:

• *Pobreza (minoridad) y fraternidad están indisolublemente unidas* Según Francisco, solo siendo hermano, hermana, se puede llegar a ser pobre según el Evangelio, y solo el empobrecido a causa del Reino, el menor, puede ser verdaderamente hermano.

La pobreza de la que Francisco habla es la des-apropiación, la relación libre, des-apegada de cosas y personas, que atañe a la purificación del deseo, del afán de tener, de asegurar la vida. Relación liberada del yo que busca control y dominio, por sutil que sea.

• *Y dondequiera que estén y se encuentren unos con otros, muéstrense mutuamente familiares entre sí*
Por obvia, puede sorprendernos esta observación: la «familiaridad» que pide Francisco es la proximidad, el reconocimiento mutuo como hermanos, sin necesidad de ningún otro motivo: ni cultura, ni lengua, ni edad, ni afinidad.

• *Y manifiesta confiadamente el uno al otro su necesidad*
Francisco parte de la experiencia de la «necesidad»: todos frágiles, vulnerables y vulnerados. Francisco no señala que el punto de partida del ser hermano sea «compartir, dar lo mejor de sí», más bien parte de asumir que

todos estamos un poco rotos, con desajustes. ¡Qué luz sobre la realidad propia y ajena, sobre los caminos de Dios y los dinamismos de la auténtica transformación personal!

Francisco sigue: en el encuentro con el hermano, «manifiesta», es decir: expresa, explicita, no esperes que el otro te adivine. ¿Qué significa? Para empezar, supone ser consciente de la propia necesidad, de lo que cuesta o se padece, es decir, de la propia pobreza. Es, por tanto, autoconciencia. Y también, tener palabra que decir sobre uno mismo. Tener palabra no es saber cosas, ni soltar discursos, sino nombrar la realidad en su verdad y, en este caso, nombrarla como «mendigo».

Al manifestarse, uno se reconoce débil ante otro. Ciertamente, «manifestar la propia necesidad» tiene muchos niveles. Algunos, muy poco comprometedores; en otros, sin embargo, podemos quedar enteramente expuestos. No olvidemos que el contexto en el que escribe Francisco no era extraño encontrarse en situaciones límite –hambre, frío...– y sabemos que en situaciones críticas sale lo peor o lo mejor de nosotros mismos.

• *Manifiesta confiadamente*

El hermano que pide, que se muestra en su precariedad, es el que hace la opción de la confianza. La confianza se asienta en una historia compartida y en la fidelidad aprendida, tiene memoria y, por eso, espera. La confianza es la que nos guarda las espaldas. Nos permite sabernos en terreno firme. Fiarse, la vida nos lo ha dicho, es un riesgo que no siempre estamos dispuestos a correr, porque no siempre sale bien. Hemos salido maltrechos de algunas apuestas, reconocemos qué difíciles son estos aprendizajes. Sin embargo, Francisco, aun sabiendo que eso puede suceder, sigue invitando: manifiesta *confiadamente*. Es la confianza la que sostiene, es lo que a ti, como hermano, te toca, y esa es precisamente tu ganancia.

• *El uno al otro*

No dice el súbdito al superior, el débil al poderoso, el joven al mayor, el inculto al letrado. No, «uno al otro». Y ¿quién es quién aquí? Pues cada hermano. Una vez tú, y otra vez yo. Hoy me toca a mí manifestar confiadamente mi necesidad, mañana quizá te tocará a ti. No es siempre el mismo el que demanda, ni siempre el mismo el que provee, no hay roles de oferta-demanda. ¡Ay, si siempre es el mismo el que pide y el mismo el que da! El vínculo fraterno se construye desde la recíproca vulnerabilidad asumida y verbalizada, desde la recíproca solicitud. Francisco establece un dinamismo que no garantiza contrapartida. La expresión es una manifestación, no una exigencia ni un derecho.

• ¿Y el que escucha? Criterio: *porque si la madre nutre y ama a su hijo carnal, ¡cuánto más amorosamente debe cada uno amar y nutrir a su hermano espiritual!*

Fruto, seguramente, de la experiencia, hay un desplazamiento muy interesante en el uso de esta imagen desde la Regla no bulada (1221) a esta Regla bulada (1223). Ahora ya no se trata solo de amar al hermano «como una madre a su hijo», sino «más que una madre». Para atreverse a un cuidado fraterno así no basta, sabe Francisco, la solicitud materna, natural: esa es imposible y, además, insuficiente, hace falta más. ¿Qué es ese «más»? Es el «más» que nos vincula, hijos e hijas de *Abbá*, hermanos en Cristo.

El vínculo establecido *vocacionalmente* –el Señor pone a esta persona en mi vida como hermano/a– tiene más consistencia, más fuerza de destino, que la vinculación biológica. Tiene más fuerza porque pide más desapropiación, porque no es la prolongación del yo. Sería forzado –e inhumano, por no decir peligroso– pedirnos «*sentir* como madres». Se trata de otra cosa, y es *más*. Francisco así vivió a los hermanos (CtaL), y le supuso dar la vida.

> **El vínculo establecido *vocacionalmente* –el Señor pone a esta persona en mi vida como hermano/a– tiene más consistencia, más fuerza de destino, que la vinculación biológica.**

El «más que una madre» se concreta, por fuerza, en praxis: «amar y nutrir», afecto y alimento, corazón y obras, solicitud y eficacia. En sentido literal y en sentido espiritual. Ser hermano implica dar vida al hermano, cuidado, amparo, protección. El escuchar, percibir, la necesidad de mi hermano, de mi hermana, se convierte en imperativo de cuidado y solicitud: «uno a otro».

REPENSAR

Nuestras debilidades como posibilidad de encuentro: hermanos pobres, pobres hermanos

Fácilmente, hablar del don de los hermanos y las hermanas nos lleva a pensar en lo que nos aportan sus cualidades. Así es, gracias a Dios. Pero sucede también, que el don no siempre es a mi medida y para mi satisfacción.

Un día, dicen, preguntaron a Francisco cómo sería un auténtico hermano (AP 85). A la hora de señalar su perfil, enumera las cualidades de los primeros compañeros. Creo que con acierto hemos leído este texto en clave comunitaria: la fraternidad se construye a partir de los dones de cada uno vividos fielmente y puestos al servicio. El «hermano/a perfecto/a es la comunidad». ¿Es esto así? Sí y no. Los hermanos tienen muchos dones, más aún, cada hermano es un don en sí mismo, por ser persona, por existir. Pero eso no quita que estemos hablando de hermanos concretos, necesitados siempre de conversión. En realidad, si nos atenemos a Francisco, vemos cómo la experiencia de fragilidad y hasta de pecado está a la base de la vida fraterna y, más que impedimento, es condición de posibilidad desde la que se aprende a ser hermano/a, a amar lo real.

La experiencia de fragilidad y hasta de pecado está a la base de la vida fraterna y, más que impedimento, es condición de posibilidad desde la que se aprende a ser hermano/a, a amar lo real.

Es un tema con muchas implicaciones, sugiero solo algunas:

• Necesitamos reconocer las propias dificultades para la convivencia. Cada uno tenemos nuestro registro de debilidades: condicionamientos psicológicos, biografía, actitudes, egoísmo, modos diversos de entender la fraternidad... Y con el reconocimiento, hacer lo posible. Nunca es tarde.

• Tomar conciencia de ese misterio inaudito que es aceptar la realidad del otro en cuanto otro, y no en función de lo que a mí me parece que le falta o que le sobra –sin darme cuenta de lo que *a mí* me falta o *me so-*

bra–. Sin pretender simplificar situaciones complejas, muchos conflictos nacen de cómo nos proyectamos en los otros. Él/ella tiene sus debilidades, y yo las mías, en esa suma de fragilidades somos llamados y convocados.

• Podríamos preguntarnos cómo definimos nuestra comunidad, nuestro grupo de pertenencia. Qué le pedimos, qué esperamos de ella. Qué «quejas» me suscita y qué dicen de mí. El «deber ser» se impone como una losa que bloquea más que como sana utopía que suscita esperanza. Optar por lo real y posible.

• Bastantes de nosotros sabemos que la media humana –nosotros, los primeros– da poco de sí. La problemática comunitaria sigue siendo muchas veces nuestro «talón de Aquiles». A veces, oímos «¿qué ha pasado para que hayamos llegado hasta aquí?, ¿qué se nos ha ido por el camino?». No necesitamos ya más análisis, sino redescubrir sentido al ahora, tal cual es:

¿quién ha dicho que sea más cristiana, una vida comunitaria «tranquila»? A veces una comunidad difícil se convierte en lugar de aprendizaje: aprender a «amar lo que toca», a estos y estas que tocan. «Y prefiere esto a vivir en un eremitorio» (CtaM).

- «Dios que viene a nosotros en humildes apariencias» (Adm 1), dice Francisco: viene en el cuerpo herido y «repugnante» de un leproso, en la sobriedad de la Eucaristía, en la ambigüedad de la Iglesia, en el rostro de mi hermana de comunidad –con sus manías, con sus desajustes, con sus silencios, con su verborrea–. Tantas lepras tenemos: aprender a mirar más hondamente, a ese «tú» que me ha sido dado.

- No es posible ser hermanos, construir fraternidad, sin experiencia vocacional actualizada cada día. Este amor de misericordia que se nos ha dado –gratuito, incondicional, un derroche– es el que estamos llamados a dar, como dice Francisco «como puedo». Al fin, amar también es cuestión de fe, de qué Dios se nos ha revelado, de qué Dios hemos conocido, a qué Jesús seguimos.

- Junto a esta mirada creyente, que descubre el reinado de Dios en esta realidad tan pobre, también hay una mirada agradecida. ¡Qué sería de mí sin mis hermanas, sin mis hermanos! ¡Qué sería de mí sin tantos «perdones cotidianos» de los que ni me entero! ¡Qué sería de mí sin ese principio de realidad y humildad en el que me sitúan, con su sola presencia, los hermanos! ¡Qué sería de mí sin su oración y sus cuidados! ¡Qué sería de mí sin su fe, que no tengo ningún derecho a juzgar! Mirada agradecida y mirada confiada y esperanzada.

Identidad, autonomía, pertenencia

En un mundo de pertenencias lábiles, tema candente y complejo es la tensión entre pertenencia (el «nosotros») y la autonomía («el yo»). A todos –jóvenes, medianos y mayores– nos afecta de un modo u otro. Lo fácil es saldar la tensión eliminando alguno de los polos: o autonomía –respeto máximo al individuo prescindiendo de las consecuencias comunitarias...– o pertenencia –minusvaloración de una libertad personal considerada factor de disgregación–. Evitar la tensión decantándose por uno de los aspectos deriva negativamente, como estamos viendo, tanto para los grupos como para las personas.

Ante esta situación, mirar nuestra historia nos puede ayudar a discernir. La herencia que recibimos de Francisco y los primeros hermanos es paradójica. En su praxis inicial esta tensión no fue especialmente problemática: la calidad de la experiencia vocacional permitió discernir y canalizar comunionalmente variados estilos de vida e incluso lo que hoy llamaríamos «dones» o «llamadas» particulares –Antonio de Padua, por ejemplo–. En la misma vida de Francisco, a la par que la fraternidad crecía y, necesariamente, se debilitaba o perdía la relación personal y directa con el fundador, la diversidad de tendencias, en vez de ser expresión de riqueza carismática, empezó a ser vivida como amenaza, conflicto e, incluso, como abiertas luchas de poder.

Cabe preguntarse qué pasa en «el movimiento franciscano» para que se preste tanto a diversificarse –y dividirse–, cosa que no ha ocurrido, por ejemplo, en movimientos contemporáneos. Es posible encontrar indicios de respuesta en su misma génesis, en la amplitud con que se plantea la forma de vida franciscana desde sus orígenes, en el modo del ejercicio de participación y de la autoridad y en el talante personal del mismo Francisco.

A la luz de esta referencia, la historia vivida como familia nos puede ayudar a discernir qué tanto del «yo» y qué tanto del «nosotros» se debe tener en cuenta y clarificar en orden a la fidelidad vocacional y al bien común, teniendo también en cuenta el proceso de transformación de las formas de vida religiosa.

Nos toca reflexionar desde la experiencia concreta del cómo se da y cómo percibimos esta tensión en nuestra realidad, en el entorno y en mí mismo/a. Pertenecer, formar parte de, tiene sus implicaciones espirituales, relacionales y prácticas, gozos y renuncias, como en cualquier proyecto vocacional.

Clave decisiva es no perder de vista qué nos hace participar de la misma con-vocación: qué significa en concreto, para mí, para nosotros, ser hermanos y hermanas, ser enviados en fraternidad y no como francotiradores –por muy realizados que nos sintamos–, vivir el primado de Dios no a discreción particular, sino en común, siquiera mínimamente, qué capacidad hay de integrar «lo alternativo e innovador» y «lo clásico», cómo asumimos la frustración –un «no», un «haces falta ahí»...–, los límites, la lentitud de los procesos.

Junto a la decisión de hacernos hermanos y hermanas, tampoco podemos olvidar qué capacidad de soledad tenemos –no aislamiento–. Sin esta, el encuentro comunitario queda muy debilitado.

En tiempos de sinodalidad: autoridad y obediencia en clave franciscana

En este momento, en virtud de la historia reciente, tomamos renovada conciencia de qué modos tan poco evangélicos animan en ocasiones nuestras formas de vida «cristianas». Necesitamos repensar la conexión teórica y práctica de fraternidad y sinodalidad, autoridad y obediencia, liderazgo y corresponsabilidad. Somos conscientes de que ciertas formas de entender la obediencia franciscana han derivado a veces en estructuras poco humanizadoras, poco fraternas y menos cristianas-franciscanas. Es un tema candente en el que hay personas expertas que nos están ayudando a detectar, discernir y reorientar situaciones impropias de nuestra vocación. A ellas me remito. En este punto, y dado el contenido del presente cuaderno, un breve apunte, sencillamente para hacer notar que este es su sitio, en conexión con la vincularidad franciscana.

Nos puede ayudar recordar el modo que Francisco tiene de concebir la autoridad. Los nombres que usa para designar las figuras de autoridad tienen como denominador común el servicio: «ministro», «guardián», «custodio», «servidor», «los que hacen de madres». Las funciones que les asigna son las que tienen que ver con ese «amar y nutrir» que hemos visto: escucha, consolación, misericordia, amonestación caritativa, no mandar nada contra la conciencia, atender a los hermanos más necesitados, no ejercer dominio alguno, no airarse por el pecado del otro, discernir las vocaciones especiales, promover la fidelidad personal...

Habría que añadir, y es vital, cómo Francisco contempla los *procedimientos* para la toma de decisiones y para abrir posibilidades en situaciones de conflicto. Caminar fraterno, contar con otros, participación regulada y respetada en sus dinamismos... Francisco promovió asambleas y grupos de expertos en las adaptaciones de la Regla. Él, reconociendo la legitimidad de palabra de cada hermano, escuchó sus voces, discernió su significación, cedió, acogió cosas que claramente hubiera preferido no incluir o lo habría hecho de modo muy distinto, a la vez que se mantuvo fiel en lo irrenunciable, eso «que el Señor mismo le reveló».

El hermano de Asís ejerce hoy, simultáneamente, atracción y rechazo cuando habla de «obediencia». Habría que distinguir en sus expresiones, por una parte, los lenguajes de su tiempo y, por otra, la radicalidad de su experiencia creyente que le lleva a identificarse con el Crucificado. Los textos sobre la obediencia franciscana son un condensado de sabiduría cristiana que nos excede a la mayoría. Sin embargo, sus textos también hablan de discernimiento, de objeción de conciencia, de sentido crítico ante el superior y la comunidad misma... Francisco sabe que no siempre se puede pedir esa «obediencia perfecta», pero la señala como horizonte: el camino es Jesús, el obediente al Padre hasta la muerte.

Cada uno de estos apuntes daría mucho más de sí, pero basta aludirlos para tenerlos en cuenta a la hora de «repensar». Repensar cómo ejercemos los liderazgos –nuevo nombre de «autoridad», igualmente ambiguo–. Repensar qué lugar real tiene la participación de los hermanos, incluso «disidentes», «marginales» –los tiempos de crisis, desde antiguo, son proclives a las tiranías, conservadoras o progresistas– o a nuestros mayores –«fuera de juego» a veces en la participación–. Repensar también que lo que llamamos a veces demasiado alegremente «discernimientos comunitarios», lo sean de verdad, en lo posible.

Es hora de revisar los dinamismos de autoridad-obediencia al servicio y como expresión de la calidad misma de la vida comunitaria y de las personas que la formamos. Estamos en ello, pero habría que dar más pasos. La categoría recientemente popularizada de *sinodalidad* puede ayudarnos siempre que no se quede solo en una palabra bonita, que dura lo que dura la sensación de novedad. «Caminar con otros» supone escucha discerniente, familiaridad con Dios y sus modos de actuar, «indiferencia espiritual», limpieza de corazón, disposición a renunciar a la propia voluntad, porque solo se trata de «agradar a Dios»: unos a otros, unas a otras.

Y no pedirnos perfecciones. Que sepamos agradecer vivir este tiempo, tiempo de gracia y tiempo de salvación, tiempo bendito.

ENCARNAR

Traemos a este «encarnar» al *Grupo de san Francisco* (Granada), que por caminos insospechados, ha llegado a constituirse en Comunidad Fraterna Franciscana Laica, vinculada a la Fraternidad de los Franciscanos.

El año 1983 fue punto de partida: un grupo de jóvenes, después de un encuentro de Taizé, sintieron la necesidad de encontrar un lugar para orar en el bullicio de la ciudad. La «Cripta» de la iglesia se convirtió en su espacio para la oración, el encuentro y el compromiso.

Desde el inicio, contaron con el apoyo de la Fraternidad Franciscana, especialmente del hermano Severino Calderón, OFM. La vinculación directa es central: todos se saben llamados a vivir juntos con san Francisco el seguimiento de Cristo.

El ritmo de la comunidad se ha mantenido firme gracias a la oración, en concreto la oración comunitaria del jueves y la Eucaristía de los sábados

Opción básica es la búsqueda de vivir «según la forma del santo Evangelio», optando, según las condiciones vitales de cada uno, por vivir en sencillez, minoridad y alegría. Agradecidos, formalizaron su identidad con el Proyecto de Vida (1994).

Cuidar la vida fraterna pide anteponer el «nosotros» al «yo» y construir relaciones basadas en la igualdad y la benevolencia.

La comunidad es un camino de crecimiento personal donde se trabaja la madurez para dar una respuesta adecuada a la vocación.

La fraternidad es misionera: predica con la vida. Su opción: los débiles y los pobres. El compromiso ha trascendido fronteras, viviendo experiencias en distintos países.

Aquel «grupo de san Francisco», hoy convertido en «Fraternidad Franciscana» adulta –familiar, heterogénea, creciente, misionera–, proclama «el Señor ha estado grande con nosotros y estamos alegres» (Sal 125) y sabe que «hasta ahora poco o nada hemos hecho».

Para la reflexión personal y el compartir comunitario

- ¿Qué te sugiere hoy la expresión «existir vinculados»? ¿Cuáles son los vínculos que más han configurado tu vida? ¿Qué vínculos son para ti responsabilidad?

- ¿Cuáles reconoces como tus principales «pobrezas» o fragilidades para convivir? ¿Qué te cuesta más: manifestar tu necesidad o acoger la del otro? ¿Por qué? ¿Qué aprendizajes te está ofreciendo tu comunidad en este momento concreto? Personas con las que has aprendido a ser hermano, hermana.

- ¿Qué experiencias de conflicto relacional/comunitario ayudan y cuáles no? ¿Por qué?

- Diálogo a propósito de la *Admonición* 25: «Dichoso el siervo que tanto ama y respeta a su hermano cuando está lejos de él como cuando está con él, y no dice de él a sus espaldas lo que no puede decir con caridad delante de él».

Capítulo 3

Gozarse en lo pequeño

ESCUCHAR

Uno de los pensadores españoles más reconocidos y solicitados actualmente es Josep Maria Esquirol, catedrático de Filosofía en la Universidad de Barcelona. Su, así llamada, «filosofía de la proximidad», se destila en diferentes libros que viene publicando en los últimos años: *La resistencia última, La penúltima bondad, La escuela del alma o Humano más humano. Una antropología de la herida infinita.* En este último habla de la condición humana como una vida que se desarrolla en la intemperie y que, a su vez, de distintas maneras, construye un cobijo. Una condición, la humana, que acontece no en el paraíso, sino en las afueras del paraíso: participamos de la imperfección, del límite, y esto es bueno. La herida también hace parte de su mirada hacia lo humano, lo más humano y, en un momento, llega a afirmar: «Vivir es, en el mejor de los casos, estar cerca de esta herida y obrar a partir de su vibración». Desde la reflexión de unos y otros, desde la propia experiencia de nuestra condición humana, podemos intuir, escuchar, llegar a sospechar, que la percepción de la pequeñez adensa la conciencia: paradójicamente, la abre, la ahonda, la agranda.

También podemos identificar el mundo actual como un mundo de grandes élites: personas, algunos grupos privilegiados, algunos países... Y consecuentemente, un mundo de grandes desigualdades, donde estas siguen acentuándose. Los avances de la ciencia y la tecnología, la IA y sus aplicaciones en la sanidad, los cuidados, la economía..., en la mayoría de los casos no son universales. Cada vez más, la ostentación de algunos, la mayor distancia y el desequilibrio resultan en sí mismos una bofetada y un insulto a la situación de la inmensa mayoría de la humanidad. Esa dinámica social, como tanto insistía el papa Francisco, crea personas y grupos descartados. Los llamados «ultra-ricos» pueden conservar su estilo de vida, los demás no.

En este sentido, en los primeros días de noviembre ha sido presentado el IX Informe FOESSA sobre exclusión y desarrollo social en España. Afirma que «llega un momento histórico de profunda complejidad» y advierte sobre «un proceso inédito de fragmentación social en España en el que se contrae la clase media desplazando a muchas familias hacia estratos inferiores». Actualmente, nuestro país cuenta con una de las tasas de desigualdad más altas de Europa; la integración social se erosiona y la exclusión grave permanece muy por encima de los niveles de 2007. En 2024, la exclusión severa se sitúa un 52 % por encima de 2007, lo que arroja un saldo de 4,3 millones de personas. Las conclusiones, los horizontes, las salidas, hablan de *una encrucijada* en la que distintos elementos están relacionados: podemos seguir por el camino actual, el del individualismo, la desigualdad y la insostenibilidad; o elegir un cambio de rumbo valiente para una sociedad fundamentada en el cuidado mutuo, la justicia y la responsabilidad compartida.

Hace años, ante el horizonte del colapso del capitalismo, surgió la teoría del *decrecimiento económico*, a la vez que también se hablaba de una *espiritualidad del decrecimiento*. Resumidamente, es una teoría que propone una reducción planificada y voluntaria de la producción y el consumo en los países desarrollados para lograr un equilibrio sostenible con el medio ambiente y priorizar el bienestar social sobre el crecimiento material ilimitado. Y recogiendo esta sensibilidad en una especie de eslogan, hablamos de «vivir con menos para vivir mejor, vivir sencillamente para que otros sencillamente puedan vivir». No solo en lo socio-económico, diríamos que también en lo existencial. En ese horizonte del decrecer, del elegir lo pequeño, puede haber algo atractivo, algo que lleva hacia otro lugar posible. Para unos y otros, para la Iglesia en su conjunto, para los grupos de vida religiosa... Viendo algunas pequeñas señales en esta dirección, seguimos descubriendo cómo en la nombrada «España vaciada» hay personas que siguen eligiendo quedarse en su pequeño pueblo; y, de otra parte, sigue habiendo algunos *urbanitas* que se convierten en *neo-rurales*, buscando una mayor calidad de vida.

Da la impresión de que no es algo sencillo, natural, *gozarse en lo pequeño*. A la vez, pareciera que tiene algo de verdadero y auténtico. Y hay personas, realidades, historias, que, sin elegirlo, vienen marcadas con esa impronta, la de lo pequeño. De otra parte, también aquí, esta elección parece que trae consigo otras palabras cercanas como «austeridad», «sobriedad», «autenticidad», «contacto con la tierra», «sencillez». Hay algo grande a construir desde y en lo pequeño, un banquete en lo poco.

EVOCAR

En Francisco hay todo un vocabulario cercano a lo pequeño. Tiene nombre de «pobreza», «humildad», «menores», «servicio», «lavar los pies»… Se nombra a sí mismo, se autopresenta, como «siervo y pequeñuelo», «el más pequeño de los siervos de Dios, su siervo» y «súbdito, vuestro menor siervo». Al final, la pobreza es «dama, señora»; y él, el pobre y humilde Francisco, el desposado con ella. Y consecuentemente quiere que sus hermanos sean *menores*. Lo pequeño está en el quicio de su mirada a Jesús, de su sensibilidad, de su identidad y de sus opciones.

Esta es la excelencia de la altísima pobreza

Esta es la excelencia de la altísima pobreza, la que a vosotros, queridísimos hermanos míos, os ha constituido herederos y reyes del reino de los cielos, os ha hecho pobres de cosas y sublimado en virtudes. Sea esta vuestra porción, la que conduce a la tierra de los vivientes. Adhiriéndoos totalmente a ella, amadísimos hermanos, por el nombre de nuestro Señor Jesucristo, jamás queráis ninguna otra cosa bajo el cielo (Rb 6, 4-6).

La manera en la que Francisco habla de lo pequeño transmite un gozo, un descubrimiento, una revelación. También un profundo convencimiento, una vibración del corazón y una decisión determinada. Es la única manera de hacerlo: no tanto como una ideología, sino existencialmente.

Hacia esa conclusión vital se vio llevado. Una conclusión que fue desarrollando y aprendiendo constantemente a través de la Palabra y de la Eucaristía, así como en los misterios de la Encarnación y la Pasión que envuelven toda su existencia y a los que se remite una y otra vez. El signo de Dios es el de la pobreza, el descenso; esa es su señal y su marca. Jesús revela la humildad de Dios y Francisco la quiere ver, tocar, celebrar. Es el rasgo que más le ha impresionado: el Jesús de Francisco es el del abajamiento, humilde don de sí mismo, el lavatorio, el Siervo, el Señor que se dio (cf 2CtaF 56; Adm 6). «Mirad, hermanos, la humildad de Dios y derramad ante Él vuestros corazones; humillaos también vosotros, para ser enaltecidos por él. Por consiguiente, nada de vosotros retengáis para vosotros mismos, para que enteros os reciba el que

Jesús revela la humildad de Dios y Francisco la quiere ver, tocar, celebrar.

todo entero se os entrega» (CtaO 28-29). Un signo que marca unas huellas claras a seguir, una dirección: por consiguiente, en consecuencia...

El descenso de Dios es radical: «Diariamente se humilla, diariamente viene a nosotros en humilde apariencia, diariamente se esconde» (cf Adm 1); diariamente. Si lo dice de la Eucaristía, lo está diciendo de su Encarnación en la condición humana. Es lo más real, lo cotidiano. Y a esta pobreza y humildad, Francisco la califica como «altísima», «la excelencia de la altísima pobreza»: algo que solo dice de Dios mismo.

Un corazón menor

Así puede conocerse si el siervo de Dios tiene el espíritu del Señor: si cuando el Señor obra por medio de él algo bueno, no por ello se enaltece su carne, pues siempre es opuesta a todo lo bueno, sino más bien se considera a sus ojos más vil y se estima menor que todos los otros hombres (Adm 12).

Francisco cree que la obra del Espíritu no es tanto el éxito o el fracaso, una obra buena o mala, sino *un corazón menor*. Por encima de si las cosas salen bien o mal, más allá del éxito o el fracaso, el Espíritu puede hacer su obra en la persona. La cuestión última, originaria, de la persona es su abajamiento; su afrontar el camino de la complejidad –personal, de los otros, de las situaciones...– y renacer desde ahí; esa es la obra de Dios. Tener el espíritu del Señor es tener un corazón pobre y humilde, «menor», que acoge y transforma toda la realidad –como el mismo Jesús–.

Tarea no fácil. Hay como una oposición natural de la persona hacia ese hacerse pequeño; es la cuestión originaria desde siempre. Francisco lo dice como «apropiación de su voluntad, orgullo, enaltecerse su carne, desobediencia a Dios». Nos constituye como un afán de dominio; es una manera de sabernos vivos y de sentirnos alguien por vía de poder. Esto toma distintas y múltiples expresiones: el prestigio forzado, la debilidad tapada, el poder conquistado, el vivir del rol y la imagen, el crear dependencias... Huidas, maneras de evitar el propio abajamiento, porque lo que suena a débil y pequeño nos descoloca y necesitamos asentarnos en lo fuerte y seguro.

De alguna forma esta experiencia es en Francisco *quedarse solo con la persona,* con su calidad evangélica; situar a la persona en su correcto lugar, sin recurrir a otros medios, otras posibilidades, otros poderes. Como Jesús, que camina ofreciendo el Reino en la única fuerza de su persona, de manera libre e indefensa.

Lo pequeño reclama todo el Espíritu del Señor: *vivir espiritualmente*

Amonesto y exhorto en el Señor Jesucristo a los hermanos, a que se guarden de toda soberbia, vanagloria, envidia, avaricia, preocupación y afán de este mundo, difamación y murmuración, y los que no saben letras no se preocupen de aprenderlas; aplíquense, en cambio, en aquello que por encima de todo deben desear: tener el Espíritu del Señor y su santa operación, orar siempre al Señor con un corazón puro, y tener humildad, paciencia en la persecución y en la enfermedad, y amar a los que nos persiguen y reprenden y acusan, porque dice el Señor: Amad a vuestros enemigos y orad por los que os persiguen y calumnian. Dichosos los que padecen persecución por causa de la justicia, porque de ellos es el reino de los cielos. Y quien persevere hasta el fin, ese se salvará (Rb 10, 7-12).

Así habla a sus hermanos en el corazón mismo de su Regla definitiva. Hay un mundo del que *guardarse,* y tiene que ver con los variados nombres de lo grande: «soberbia», «vanagloria», «envidia», «afán de este mundo»... Y hay solo una cosa a desear que está radicalmente emparentada con lo pequeño: «Tener el Espíritu del Señor y su santa operación, y tener humildad y paciencia». En el fondo, este es el último estribillo en Francisco: hacer un camino de transformación en las raíces de la persona, asentarse en lo pequeño, que es el lugar del Espíritu.

Mucho en él es pasar de un mundo viejo y cerrado en sí mismo, egocéntrico –nombrado como «carnal», «cuerpo», «sabiduría del mundo», «gloriarse en sí mismo»...–, a otro mundo nuevo que se abre desde lo pequeño, desde abajo, al Espíritu –a la misericordia, al vivir espiritualmente, a la sabiduría de Dios–; de un vivir carnalmente a un vivir espiritualmente.

Este camino se hace de la mano de la Palabra, que está cargada de espíritu y vida (cf Rnb 22). No basta escucharla, sino que es necesario acogerla confiadamente y entenderla como lo que es: Palabra que da vida y que vuelve la mente y el corazón hacia Dios. Hay que dejar que eche raíces en el interior del corazón; y hay que darle la preferencia sobre otras cosas e intereses. Esta Palabra tiene el poder de crear algo nuevo en nosotros. Si le preguntamos a Francisco qué podemos hacer para cambiar nuestro corazón, cómo se llega a ser un seducido por Dios, qué hay que hacer para aprender a *vivir espiritualmente,* nos dirá: acoger, retener en el corazón la Palabra y dejarla que eche raíces y dé fruto. Es Otro, su Espíritu, el que nos va transformando con su Palabra y su Presencia.

Hermanos Menores: un lugar en la sociedad y en la Iglesia

> Y a ninguno se le llame Prior,
> sino que a todos sin excepción
> se les llame Hermanos Menores.
> Y lávense los pies los unos
> a los otros (Rnb 6, 3-4).

Dice Fernando Uribe, OFM, que «entre los varios significados del nombre elegido para la Orden, el fundamental tiene que ver con su naturaleza relacional. No solo un modo de ser, sino un modo de ser en relación con el mundo. En relación al cual se siente en una intimidad y proximidad, *Hermanos,* y en una humildad y servicio, *Menores».* Y esto no como una buena intención, sino con opciones definidas en una clara dirección.

En el nombre siempre se busca resumir algo importante de la propia identidad. Este tiene que ver con su manera de ser, sintetiza su universo mental, su autoconciencia –no se llamaron, como otros grupos, «hermanos grises», «de Asís, predicadores»–. Este modo de ser en relación con el mundo lo resumimos en estos dos elementos:

- El lugar de los hermanos, el único lugar, es el mundo; pero comprendido de otra forma. Para Francisco –también para Clara–, «salir del mundo/siglo» nunca fue un abandono de las preocupaciones de la historia, un dualismo, sino un cambio radical en el modo de verlo y de comprenderlo; un desplazamiento total de un extremo al otro del mapa social, una inversión de lugar socio-económico, un cambio de condición social.

- Desde ahí la forma de vida de los Hermanos Menores, adquiere un valor alternativo y de ejemplaridad. Ser Hermanos Menores fue una forma de vida diferente en los márgenes de Asís, una forma de vida alternativa, un signo pequeño e intencionado. Su concreta forma de vida quiere ser una alternativa a la vida que se sigue en Asís: a la valoración y comprensión de la vida que se hace ahí y que emerge como nueva y moderna.

REPENSAR

Tenemos la impresión de que para Francisco lo pequeño ha sido lugar de grandes afirmaciones, lugar de Dios; ahí ha emergido en palabra, en determinación, en espíritu.

Dichosos los que pasan la noche con la insignificancia[1]

Lo pequeño, en Francisco y en nosotros, toma muchos y variados nombres. Es cada día, los pájaros, el pan y el vino, la Porciúncula, Greccio, los límites, la enfermedad, el pecado, la sencillez, la austeridad, el eremitorio, el lugar de los excluidos, la limosna, la presencia, lo vulnerable, los leprosos, el Padrenuestro, la muerte... Y tiene la capacidad de traer espíritu, lo máximo. Mirado y visto todo ello con amor, libremente, sin el afán de la posesión. Si lo pensamos, si nos dejamos cuestionar por lo efímero de tantas cosas, si somos capaces de ir más allá de muchas apariencias y pretensiones –humanas, económicas, espirituales–, realmente, la vida humana está marcada por lo pequeño, lo oculto. Hay algo existencial ahí, es el lugar a habitar.

Da la impresión de que gozarse en lo pequeño, pasar la noche con la insignificancia, también es intuir y descubrir un secreto. Antonio Oteiza, artista y Capuchino, lo nombraba como «el esplendor de la sencillez». Su arte solo pretendía romper la realidad y hacer que emerja, sugerir, lo sagrado de todo. «Arte sacro es una ausencia religiosa que se hace presencia, que se hace aura. Es un encuentro con lo que está ya trascendido, pero que ahí se hace presente al espíritu. Que estás viendo aquello que no ves». Elegir la insignificancia como camino solo puede ser resultado de una sabiduría escondida.

Quizás desde ahí, muchas realidades personales y grupales que vivimos en las comunidades cristianas, en la vida consagrada, en la realidad diaria, pudieran encontrar un horizonte, un sentido, un descanso. Algo que, también se intuye, solo es posible desde la disposición a hacer ahí un camino espiritual: «Me veo

---

[1] A. Escribano, *La belleza de lo bienaventurado*, Eolas Ediciones, León 2024.

obligado, para tener noticias de Cristo a prestar atención a lo que viene, a quien está aquí, a lo que ocurre hoy, ahora» (C. Bobin). Y en el que se adivina en el horizonte la lógica y la sabiduría de la cruz de Jesús, de su entrega a precio de la propia carne.

Practicar la hospitalidad

Al final, el gozo en lo pequeño toma el cauce principal de la relación con las personas pequeñas. También identificadas con muchos y variados nombres. Los migrantes y refugiados, los ancianos que viven solos, las víctimas de abusos, los países descartados, los menores tutelados, las personas marginadas por su orientación sexual, los enfermos en residencias y hospitales, las víctimas de la trata, las personas sin hogar, los adolescentes más problemáticos, los que sufren la violencia y la guerra, los obreros peor tratados, los barrios marginales de las grandes ciudades... Todo lo que tiene humilde apariencia.

Francisco lo afirma claramente: «Y deben gozarse los hermanos cuando conviven con gente baja y despreciada, con los pobres y débiles, con los enfermos y leprosos, y con los mendigos que están a la vera del camino» (Rnb 9, 2). Seguramente conocemos y participamos de muchos espacios distinguidos por la acogida y la hospitalidad. Lugares donde se ofrece un café, cursos, orientación laboral, habitación, algo de formación básica, acompañamiento y presencia. En muchas ciudades se ha creado una red de hogares –familias y comunidades religiosas– que ofrece acogida a las personas refugiadas y migrantes en situación de mayor vulnerabilidad social y económica. Hay un amplio grupo de personas con las que echar la suerte. En nuestras sociedades, también excluyentes y donde crecen las mentalidades más fanáticas, practicar la hospitalidad hacia los pequeños se ha convertido en un imperativo ético. Algunos sitúan hoy «la hospitalidad en el corazón de la espiritualidad», haciendo un

Algunos sitúan hoy «la hospitalidad en el corazón de la espiritualidad», haciendo un alegato urgente y realista sobre su poder para sanar heridas.

alegato urgente y realista sobre su poder para sanar heridas, unir lo que está separado y crear lazos de hermandad en una sociedad diversa y marcada por el miedo. Hay que ser puerta abierta, ser hospitalarios, como un gesto que crea comunidad y abre caminos de reconciliación en un mundo diverso y herido.

No es este el lugar para hacer propuestas concretas –y menos cuando uno no es profeta en su propia casa–, pero en diversas ocasiones he pensado que la vida consagrada hoy pudiera distinguirse por ser parte de esas redes de hogares de las que hablaba arriba: cercanos a la intemperie y abriendo nuestro cobijo, nuestra casa, la fraternidad. El espacio fraterno como un lugar donde acoger lo pobre, donde gozarse en lo pequeño.

Sentido de la paradoja

Este gozo nos lleva hacia la paradoja. Es claro que esa es la marca de la existencia cristiana, del Evangelio de Jesús: los últimos serán los primeros, el siervo que lava los pies es el Señor, el grano de trigo que muere y da mucho fruto, los cinco panes alimentan a la muchedumbre, la abundancia del pecado y la sobreabundancia de la Gracia, el Resucitado que no pierde las marcas del Crucificado... Y que intuir dicha marca, en la experiencia espiritual, personal y fraterna, es señal de autenticidad.

Francisco nos sigue remitiendo ahí, nos sigue iluminando para afrontar nuestro hoy desde este sentido de la paradoja. A esa lógica nueva y sabiduría nos conduce, a esa verdadera alegría cuando las cosas no van a satisfacción, sino que le contrarían quienes debieran darle gusto: «Si he tenido paciencia y no me he turbado, en esto está la verdadera alegría, y la verdadera virtud y la salvación del alma» (VerAl 15).

Lo pequeño se convierte así en el lugar primero y primordial para afirmar la prioridad del bien, de la bondad y de la belleza. Además de la presencia cercana y transformadora de lo pequeño y el gozo: «Donde hay paciencia y humildad, allí no hay ira ni turbación. Donde hay pobreza con alegría, allí no hay codicia ni avaricia» (Adm 27,3).

La paradoja de que, aunque seamos pocos, seamos todo: fe,

súplica, generosidad y confianza absoluta.

Ser despojados

Lo pequeño, al final, es total: se hace vacío, despojo, desnudez. Lo pequeño camina hacia el vacío; con lo cual se convierte en anchura, y en cuenco para ser llenado. Parte del camino de la vida será dejarse despojar, vaciar. Será acoger y recoger todo, pasar por todo, y la conciencia de ser siempre más.

Al final, el Crucificado, el llagado, es un despojado y desnudado. Francisco quiso que sus hermanos, muerto, lo colocasen desnudo en la desnuda tierra. Había bendecido a todos, se había despedido de su amiga la hermana Jacoba, había alabado al Señor con todas sus criaturas...; al final, desnudo.

El alma es esencialmente pobre, desnuda. La vida espiritual no puede ser otra cosa sino el cuidado por la pobreza del alma. No podemos imaginar un alma llena de posesiones, es una contradicción. Y la pobreza del alma es su riqueza. El fondo del alma es una desnudez. Esta es una opción, afirmación, que emerge y se revela de la experiencia de fondo de la condición humana[2].

ENCARNAR: «Una casa de acogida donde gozarse en la ternura»

En Palma de Gandía (Valencia) la casa de los Hermanos Franciscanos de la Tercera Orden Regular (TOR) es el Centro de Acogida San Francisco. Empezamos «esta vida» en 1998. Actualmente, vivimos tres hermanos y algún formando de vez en cuando –es la casa-noviciado de nuestra Provincia–. Pero somos muchos más: vivimos junto a unas 50 personas enfermas –dos arriba, dos abajo–. Llegan aquí derivadas por los hospitales públicos, y también las acogemos directamente de la calle; son enfermos crónicos y terminales, sin cobertura social ni familiar, los más pobres. Trabajan aquí cuatro auxiliares de limpieza, un trabajador social y una enfermera. Los hermanos hacemos trabajos de auxiliares de enfermería. Y, sobre todo, el voluntariado es uno de

---

[2] J. M. Esquirol, *La escuela del alma,* Acantilado, Barcelona 2024.

nuestros pilares para atender y humanizar: cada semana colaboran unas 25 personas, por grupos y tareas. Esta pequeña obra está cimentada en la Bondad, en la Divina Providencia, no estamos concertados por ningún estamento público. Es un regalo vivir así. Y a su vez, el Centro está acreditado y funciona con todas las normativas vigentes.

Claro, fácilmente nos inspira Francisco de Asís: «Si de alguno –de entre los seres deformes y desafortunados del mundo– se apartaba instintivamente con horror Francisco, eran los leprosos. Un día que paseaba a caballo por las cercanías de Asís, le salió al paso uno. Y por más que le causara no poca repugnancia y horror, para no faltar, como transgresor del mandato, a la palabra dada, saltando del caballo, corrió a besarlo. Y, al extenderle el leproso la mano en ademán de recibir algo, Francisco, besándosela, le dio dinero. Volvió a montar el caballo, miró a uno y otro lado, y, aunque era aquel un campo abierto sin estorbos a la vista, ya no vio al leproso. Lleno de admiración y gozo por lo acaecido, pocos días después trata de repetir la misma acción. Se va al lugar donde moran los leprosos, y, según daba dinero a cada uno, le besa la mano y la boca. Así toma lo amargo por dulce y se prepara varonilmente para realizar lo que le espera» (2Cel).

Para Francisco de Asís, «varón católico», y para la Iglesia, las personas enfermas son una presencia especial y casi sacramental del Señor Jesús. Él se identifica con ellos cuando dice «estaba enfermo y me visitasteis»; y también «cuando lo hagáis con uno de estos mis humildes hermanos, a mí me lo hacéis». ¿Cómo ejercer esta caridad? Francisco, gran imitador de Cristo, nos da la pista: gozarse con la ternura. «Esta es la clave para entender a los enfermos y una medicina preciosa para su curación» (papa Francisco).

Para expresar la ternura y gozarse con ella lo mejor es el contacto: tocar. El Señor, en los evangelios, lo expresa así: toca al leproso para curarlo, toca al ciego para darle la vista y toca al mudo para devolverle el habla. Para tocar, el Señor Jesús nos muestra que hay que abajarse, que hay que hacerse humilde.

También nuestro fundador, toca al leproso en su conversión. A imitación de Jesucristo, él también se abaja para tocar al excluido, al marginado, al impuro. Incluso, besa al leproso que le sale al camino. El objetivo es que se sientan respetados y cuidados. En nuestra casa, cada día, tocamos a nuestros enfermos. A veces, conscientes de que Jesús está en ellos; otras muchas, por la necesidad de apremiar y remediar sus necesidades.

La familia es el lugar de predilección para mostrar la ternura. Aunque el modelo familiar va cambiando, pero es el lugar más natural para cuidar de nuestros enfermos. El porqué está claro: los lazos afectivos son diferentes. Por tanto, la muestra de la ternura es más evidente. Es más difícil querer a un extraño que a un miembro de tu familia. Además, socio-económicamente hablando, los servicios prestados en la familia son gratuitos. Eso también es una expresión pura de amor, de caridad, de ternura. No pueden medirse en términos puramente materiales.

Desde el principio del centro de acogida, se nos ha regalado, providencialmente, el crear un ambiente familiar, en el que los enfermos se adoptan como hermanos: los más fuertes se ponen al cuidado de los más vulnerables, que los van cuidando. Hay verdaderos testimonios de gozo y ternura entre ellos.

Nos han preguntado muchas veces cómo lo hicimos para llevar nuestra casa en la pandemia. Fue maravilloso, porque hasta los más limitados ayudaban. Muchos, viendo la necesidad, se daban de comer unos a otros. Emociona también cuando fallecen, y los que los cuidaban lloran y guardan el duelo, muestran también la ternura en el duelo. Tenemos la experiencia de que, cuando salimos de una misa-funeral para alguien de la casa, los mismos residentes se acercan a nosotros dándonos la mano y diciéndonos: «Te acompañamos en el sentimiento».

Todos los cristianos estamos llamados a crecer en esta caridad, en este gozo y ternura. Necesitamos discernir, en nuestra oración y en nuestra vida diaria, quién o quiénes pueden ser objeto de ternura a nuestro alrededor y gozarnos con ello. ¡En alabanza de Cristo!

Fraternidad Franciscanos
TOR, Gandía,
Jornada Mundial del SIDA
(1 de diciembre de 2025)

Para la reflexión personal y el compartir comunitario

- ¿Cómo te resuena, te llega, el texto de la reflexión?, ¿qué subrayarías de ti, a nivel personal y fraterno?

- Con el trasfondo de la reflexión, leed y comentad el artículo de Isabel Coixet, *14 abuelas,* disponible en https://www.elcorreo.com/xlsemanal/firmas/isabel-coixet/14-abuelas.html.

- Ved y comentad el breve cortometraje sobre la exclusión *Atrapados,* disponible en https://youtu.be/czQljUj2cXU.

- A día de hoy, ¿cómo descubres tu vida marcada por lo pequeño?

Capítulo 4

Crear el mundo

ESCUCHAR

¿Qué queremos decir con este título? El mundo existe, es lo creado. Entonces, ¿por qué «crear»? «Crear el mundo» –o «crear mundo»– puede entenderse desde varios enfoques: filosófico, religioso, artístico o personal, por lo que tiene varios significados. Nuestra motivación: «escuchar», con afecto. ¿Qué escuchamos de este mundo que habitamos, nuestro hogar? Lo hacemos no como extraños o turistas, sino como Dios lo ve y lo siente: «Tanto amó Dios al mundo, que entregó a su Hijo único, para que... tenga vida eterna», y como lo hizo Jesús: amando, siendo compasivo, perdonando. Solo el amor salva.

Los escritores y artistas «crean mundos» con historias, símbolos y mitos, que ofrecen nuevas maneras de entender y vivir. La cultura misma es una forma de «crear el mundo» compartido por la humanidad.

Para un filósofo, crear el mundo es darle sentido a la existencia, construir valores y un orden propio.

Cada persona «crea su mundo» a través de sus elecciones, relaciones y proyectos. Crear el mundo es diseñar la propia vida. La imaginación y el pensamiento humano generan realidades alternativas, utopías y visiones del futuro. Lo que dejas tras de ti –obras, afectos, enseñanzas– es parte de ese mundo que ayudas a crear.

En muchas religiones, «crear el mundo» significa la acción de Dios al dar origen al universo, la vida y la humanidad. La creación implica transformar el desorden inicial en un cosmos con armonía y propósito. Ser «co-creadores» con Dios al cuidar la naturaleza, proteger la vida y promover la vida y la paz.

Para el creyente, lo creado fue entregado por Dios Creador al hombre, responsabilizándole de cuidarlo. Dios no se desentiende, pero tampoco se dedica a corregir lo que el hombre hace mal. El ser humano es capaz de producir, modificar, interviniendo en lo que existe, pero también es capaz de degenerarlo y destruirlo.

Nuestro mundo se debate en este siglo XXI en la contradicción entre un extraordinario progreso tecnológico y económico de unos pocos y las escandalosas nuevas formas de esclavitud y pobreza –cultura del descarte– en que viven dos terceras partes de la humanidad.

La constitución pastoral Gaudium et spes 4 (1965) decía:

Jamás el género humano tuvo a su disposición tantas riquezas, tantas posibilidades, tanto poder económico. Y, sin embargo, una gran parte de la humanidad sufre hambre y miseria y son muchedumbre los que no saben leer ni escribir. Nunca ha tenido el hombre un sentido tan agudo de su libertad, y entretanto surgen nuevas formas de esclavitud social y psicológica. Mientras el mundo siente con tanta viveza su propia unidad y la mutua interdependencia en ineludible solidaridad, se ve, sin embargo, gravísimamente dividido por la presencia de fuerzas contrapuestas. Persisten, en efecto, todavía agudas tensiones políticas, sociales, económicas, raciales e ideológicas, y ni siquiera falta el peligro de una guerra que amenaza con destruirlo todo. Se aumenta la comunicación de las ideas; sin embargo, aun las palabras definidoras de los conceptos más fundamentales revisten sentidos harto diversos en las distintas ideologías. Por último, se busca con insistencia un orden temporal más perfecto, sin que avance paralelamente el mejoramiento de los espíritus.

El papa Francisco en sus encíclicas *Laudato si'* (2015), *Fratelli tutti* (2020) y *Laudate Deum* (2023) y en todo su magisterio ha abierto nuestra mirada al descubrimiento de las luces y sombras de hoy. Vivimos, solía decir, en una cultura del descarte que excluye en su cosmovisión a los más débiles y vulnerables. En el fondo no se considera ya a las personas como un valor primario que hay que respetar y proteger, especialmente si son pobres o discapacitadas. Este descarte se expresa de múltiples maneras en desprecio a la dignidad sagrada de la vida humana no solo de los más indefensos, como los no nacidos o los ancianos, sino que asume formas miserables que creíamos superadas, como el racismo y el odio al diferente, la explotación laboral, la violencia contra la mujer, la exclusión de dos terceras partes de la humanidad de los derechos fundamentales universales –alimentación, educación, salud, vivienda…–.

Reaparece, decía el papa Francisco:

La tentación de hacer una cultura de muros, de levantar muros, muros en el corazón, muros en la tierra para evitar este encuentro con otras culturas, con otras personas. Y cualquiera que levante un muro terminará siendo un esclavo dentro de los muros que ha construido. Estas situaciones de violencia van multiplicándose dolorosamente en muchas regiones del mundo, hasta asumir las formas de la que podría llamar una «tercera guerra mundial en etapas».

Antes, *Gaudium et spes* ya había definido con claridad la misión del Pueblo de Dios en la historia, su presencia y la acción en el mundo actual: «Los gozos y las esperanzas, las tristezas y las angustias de los hombres de nuestro tiempo, sobre todo de los pobres y de cuantos sufren, son a la vez gozos y esperanzas, tristezas y angustias de los discípulos de Cristo. Nada hay verdaderamente humano que no encuentre eco en su corazón» (GS 1).

EVOCAR

San Francisco de Asís vivió en un período de grandes transformaciones en Europa, especialmente en Italia. Recordamos algunos aspectos.

Desde el siglo anterior, *se iba abriendo paso una sociedad distinta:* burguesa, comerciante y urbana –el control de las ciudades cobra gran importancia–, auge del comercio y uso del dinero, surgen nuevas clases sociales. Francisco denuncia la llaga de esta nueva sociedad: la ambición de poder, el dominio del dinero. Y enseña a vivir, él mismo, desde sus opciones fundamentales: la fraternidad, la igualdad, la pobreza y la minoridad.

La situación de la Iglesia era paradójica: sometida a las antiguas estructuras feudales –los señores feudales nombraban y deponían los cargos eclesiásticos según sus intereses–, ajena muchas veces a la cultura naciente, lejana al pueblo. El clero sufría gran decadencia cultural, espiritual y moral. Cierto que era también una Iglesia en reforma: desde Gregorio VII, hasta Inocencio III, papa en tiempos de Francisco, el esfuerzo de renovación fue grande, aunque no tanto los resultados.

La vida religiosa había girado hasta entonces en torno a los *monasterios;* punto de apoyo de Roma para su programa de reforma. Pero fueron apareciendo movimientos espirituales de seglares caracterizados por la pobreza colectiva, la vida itinerante entre la gente sencilla y el anuncio del Evangelio. Estos grupos propugnaron y vivieron una notable reforma espiritual y moral, aunque muchos de ellos –Humillados, Cátaros, Valdenses, Pobres de Durando de Huesca– rompieron con la institución eclesial.

Esas condiciones influyeron notablemente en la vida y opciones de Francisco. Ahí es donde *iniciará su vida evangélica.* Como muchos movimientos pauperísticos, Francisco incidirá en la pobreza radical, la itinerancia, la fraternidad y el Evangelio como forma de vida. Pero comprendió que no podía realizar su ideal fuera de la Iglesia, sino que debía vivir su vocación en obediencia a la Iglesia.

Su itinerario evangélico fue un camino de *conversión y discernimiento.* Desde saber quién era y qué tenía que vivir, pasando por largos años de incertidumbres, incomprensiones y hasta recibir malos tratos. Pero, también, años fecundos en los que perfiló el estilo de vida según el Evangelio que después quiso seguir:

• El encuentro con el leproso y con el Cristo de San Damián le ayudaron a clarificar su situación personal: él no quería ser ni clérigo ni monje; quería ser «menor», penitente.

• En este período de prueba, tiene lugar la lectura-escucha del Evangelio de la misión (1208) que le lleva a experimentar cambios progresivos y profundos: vestido, acentuación de la pobreza, inicio de una predicación penitencial evangélica sencilla y popular.

- Con la llegada de algunos compañeros, le fue revelado que su vida era seguir la vida de Jesús. Así nació la fraternidad. Los comienzos no fueron fáciles, el grupo iba creciendo y, al mismo tiempo, se iba clarificando su misión: anunciar la penitencia, la paz y la reconciliación. Y todo ello apoyado en las bases de la oración, el trabajo manual, la pobreza, la disponibilidad para todos, las visitas frecuentes a las iglesias, el respeto a los sacerdotes y la exhortación a la penitencia evangélica. Así nació la Fraternidad: bajo el signo inequívoco del Evangelio.

- En 1209, Francisco y sus primeros hermanos recibieron una confirmación oral, por parte del papa Inocencio III, de su forma de vida: básicamente, extracto de textos del evangelio de la misión.

- Aunque Francisco no pretendía «fundar una Orden», muy pronto se unieron muchos hermanos y, con ello surgieron los problemas que aparecen normalmente en la formación de los grupos: cuestionamiento de la identidad, la misión... Tenían sus reuniones («capítulos»), pero no contaban al comienzo con una infraestructura mínima. Discerniendo y orando, lograron encontrar el camino evangélico, a veces equivocándose y volviendo atrás. Comienza así el camino histórico de la Orden de los Hermanos Menores.

- Con la aprobación de la Regla por el papa Honorio III, para Francisco, para los hermanos y para la Iglesia, se produjeron grandes cambios y surgieron problemas: cómo conjugar la libertad evangélica con la necesaria estructura de un grupo grande, cómo encontrar un modo de vida evangélico en la estructura que iba naciendo. No fue fácil. Pero siempre hubo hombres sabios y santos que ayudaron a mantener vivo el núcleo de lo aprendido en

Francisco: lo más importante era el ideal evangélico.

- Tras un viaje a Oriente (1219) para predicar pacíficamente el mensaje de Jesús aun a riesgo de martirio, Francisco hizo un esfuerzo por mantener a sus numerosos hermanos en el camino evangélico aceptado desde el principio. Para salvar este ideal amenazado por el deseo de organizarse al estilo de las grandes Órdenes, Francisco pidió un cardenal protector que lo mantuviera en contacto con la Iglesia, y renunció, por criterio evangélico, a su liderazgo en la Orden. Escribió la Regla de 1223 con lo más nuclear del Evangelio.

- El último período de su vida (1223-1226) fue el más doloroso, pero también el más fecundo. En este tiempo, Francisco supo hacer una síntesis personal de vida cristiana: Cristo, siervo y Señor, hermano. Cristo es el criterio. Todo comprendido desde él, desde su realidad salvadora.

- Francisco murió en la Porciúncula, el 3 de octubre de 1226. Quiso morir desnudo, por pobreza y humildad, dicen los biógrafos. Podemos entrever un gesto profético ante quienes se ven tentados de cargos, privilegios y fuerte organización con riesgo de olvidarse del Evangelio.

REPENSAR

¿Puede decirnos algo Francisco hoy a nosotros? Esta pregunta, o alguna similar —«¿por qué a ti?» (cf Flor)–, nos la planteamos con frecuencia, así como otras personas, creyentes o no. En la cultura occidental, la sospecha hacia lo religioso y las personas que vivieron religiosamente se ha convertido casi en postura generalmente aceptada y concluyente.

Los textos, las personas, el pasado, son válidos si aportan no solo novedad en su tiempo, sino capacidad de generar vida hoy, de encender fuego interior. Francisco lo fue entonces y sigue siendo motivador y atrayente. En vida fue saludado como el «hombre nuevo del tiempo nuevo». Para muchos de nosotros lo sigue siendo. El papa Francisco escribía:

No quiero desarrollar esta encíclica sin acudir a un modelo bello que puede motivarnos. Tomé su nombre como guía y como inspiración en el momento de mi elección como Obispo de Roma. Creo que Francisco es el ejemplo por excelencia del cuidado de lo que es débil y de una ecología integral, vivida con alegría y autenticidad. Es el santo patrono de todos los que estudian y trabajan en torno a la ecología, amado también por muchos que no son cristianos. Él manifestó una atención particular hacia la creación de Dios y hacia los más pobres y abandonados. Amaba y era amado por su alegría, su entrega generosa, su corazón universal. Era un místico y un peregrino que vivía con simplicidad y en una maravillosa armonía con Dios, con los otros, con la naturaleza y consigo mismo. En él se advierte hasta qué punto son inseparables la preocupación por la naturaleza, la justicia con los pobres, el compromiso con la sociedad y la paz interior (LS 10).

¿Qué nos dice Francisco a nosotros hoy? Señalamos algunos valores de su vida y camino evangélico que siguen «creando mundo».

Crear fraternidad

Nuestra humanidad proclama y reclama derechos como dignidad, igualdad y libertad de todos los hombres, sin distinción alguna. Es este uno de los deseos más vivos, que se manifiesta en muchos movimientos que trabajan por crear una sociedad más justa, solidaria, fraterna y humana.

Francisco fue en su tiempo alguien que vivía y anunciaba la fraternidad universal. Por su fe, sabía que todos los hombres somos hijos de un mismo Padre, y hermanos unos de otros. La fraternidad fue uno de los ejes de su pensamiento y de su experiencia espiritual. Pero no como un concepto abstracto, sino como modo de relacionarse con Dios, con las personas y con toda la creación. Para él, todo está unido por un vínculo que nace del amor de Dios.

Él vivió este sentimiento de familiaridad desde su juventud, junto a los jóvenes de Asís. Pero desde su conversión, fue descubriendo la familia de los hijos de Dios, a Dios como fuente misma de la fraternidad. Dios no solo como Creador, sino como Padre, «Padre santo y justo» que nos hace a todos ser hermanos.

Francisco comenzó una nueva forma de vida comunitaria: la Fraternidad de los Hermanos Menores. Él la quiso como una familia de hermanos donde todos fueran iguales. «Hermanos Menores», no como un título, sino como aquello que expresa su verdad más profunda: respeto, perdón, sin juzgar, cuidando y sobrellevando las debilidades de los demás. La fraternidad no se construye con proyectos teóricos, sino con gestos concretos de amor, paciencia y misericordia.

Tenía una visión amplia de la fraternidad: ha de ser *universal,* con todas las criaturas (cf Cánt). En ella, el hombre no está por encima, sino dentro de la misma familia creada por Dios.

La fraternidad no se limita al interior del grupo, sino que está abierta a todos: pobres, enfermos, marginados e incluso a quienes piensan de manera diferente; el encuentro con el sultán en Damieta, en plena cruzada, es un ejemplo elocuente de su forma de vivir la evangelización y el anuncio de la paz, desde el respeto, el diálogo y el encuentro personal.

Francisco entiende que no hay fraternidad sin una fuerte dimensión interior, que supone un trabajo profundo de discernimiento y exigencia personal. Por eso, en las *Admoniciones*, insiste en la humildad, la paciencia, el servicio mutuo, la alegría compartida y la capacidad de perdonar siempre: la fraternidad exige renunciar al egoísmo y vivir desde el amor.

Nos enseña con su vida que solo podremos construir un mundo mejor si aprendemos a vernos y tratarnos todos como hermanos. En el tiempo que vivimos, lo que Francisco vivió con intensidad y nos propone no es un imposible, sino un camino en el que no bastan solo los compromisos con grandes empresas, sino que está más bien en las pequeñas tareas, donde hemos de expresar nuestro ser hermanos, con respeto y afecto hacia todos.

Misión de paz: «ir por el mundo»

Francisco, al recordar los inicios de su vida evangélica, dice: «Y después que el Señor me dio hermanos, nadie me mostraba qué debía hacer, pero el mismo

Altísimo me reveló que debía vivir según la forma del santo Evangelio, y yo lo hice escribir en pocas palabras y sencillamente, y el señor Papa me lo confirmó» (Test 14-15). La forma de vida de los Hermanos, como Francisco la vive y desea, implicaba permanecer dentro del mundo, anunciado la cercanía de Dios y su amor por todos los hombres.

Desde el principio, sintieron que la llamada a ir y vivir entre la gente no podía limitarse a los de cerca, sino también a los que, en las Reglas, llama «sarracenos y otros infieles». La Regla no bulada (1221) dedica todo el capítulo 16 a aquellos que reciben esta misión. Tal vez este texto sea, en la vida religiosa, el primer texto normativo que habla de la misión, proponiendo dos modos de actuar:

- Primero: no promover disputas, sino estar sometidos: «Que no promuevan disputas ni controversias, sino que estén sometidos a toda humana criatura por Dios (cf 1Pe 2,13) y confiesen que son cristianos» (Rnb 16, 6).
- Segundo: anunciar la fe cristiana. «Cuando vean que agrada al Señor, anuncien la palabra de Dios para que crean en Dios omnipotente, Padre e Hijo y Espíritu Santo, creador de todas las cosas, y en el Hijo, redentor y salvador, y para que se bauticen y hagan cristianos» (Rnb 16, 7).

La primera estrategia misionera sugerida por Francisco es precisamente «no tener una estrategia», sino ser «súbditos de todos» y manifestar que son cristianos. Van con la misión de vivir su vocación de ser menores, sin ninguna seguridad ni autoridad.

La misma insistencia en el «estilo minorítico» vuelve en la misma Regla en el capítulo 17, dedicado a «los predicadores». Francisco no sugiere los temas o la técnica de la predicación; lo que le interesa es asegurar el espíritu de minoridad y de sumisión. Y dice:

Ningún hermano predique contra la forma y las disposiciones de la santa Iglesia y sin que se lo haya concedido su ministro. Y el ministro guárdese de concedérselo a alguno sin discernimiento.

Mas todos los hermanos prediquen con las obras. Y ningún ministro o predicador se apropie el ser ministro de los hermanos o el oficio de la predicación [...]. Por eso, por la caridad que es Dios (cf 1Jn 4,16), ruego a todos mis hermanos, predicadores, orantes, trabajadores, tanto a los clérigos como a los laicos, que se esfuercen por humillarse en todo y no gloriarse ni gozarse en sí mismos, ni exaltarse interiormente de las palabras y obras buenas, y hasta de ningún bien que Dios hace, dice y obra alguna vez en ellos y por ellos (Rnb 17, 1-6).

En la Regla bulada (1223), fruto de la evolución que se estaba dando en la actividad evangelizadora de los hermanos, se produjeron algunos cambios; los capítulos 9 y 12 mantienen solo parte del antiguo texto –rasgos jurídicos–, mientras que reducen o suprimen la parte de las actitudes minoríticas. Este cambio fue debido, seguramente, a que los hermanos de la segunda generación, contemplaban de manera distinta su forma de estar en el mundo, más preocupados por la eficacia. ¿Tenía sentido proponer aquellas estrategias minoríticas, quizá evangélicas, pero poco adecuadas y eficaces en este momento?

El espíritu de ser Hermanos Menores en el mundo, sin embargo, no desapareció del todo:

Aconsejo, también, amonesto y exhorto a mis hermanos en el Señor Jesucristo, a que, cuando van por el mundo, no litiguen ni se enfrenten a nadie de palabra (cf 2Tim 2,14), ni juzguen a otros, sino sean apacibles, pacíficos y mesurados, mansos y humildes, hablando a todos honestamente, según conviene. Y no deben montar a caballo, a no ser que se vean obligados por una manifiesta necesidad o enfermedad. En toda casa en la que entren, digan primero: «Paz a esta casa» (cf Lc 10,5). Y, según el santo Evangelio, les está permitido comer de todos los alimentos que les pongan delante (cf Lc 10,8) (Rb 3, 10-14).

Tampoco aquí se pone el énfasis en la eficacia o en los resultados, sino el estar en el mundo como Hermanos Menores y en la fidelidad a la propia identidad. Se conserva el «no deben montar a caballo», es decir, no han de convertirse en caballeros, de manera que miren a los otros desde la altura.

Es interesante detenerse en lo que Francisco señala acerca de los temas de predicación:

Amonesto además y exhorto a estos hermanos a que, cuando predican, sean ponderadas y limpias sus palabras (cf Sal 11,7; 17,31), para provecho y edificación del pueblo, anunciándoles los vicios y las virtudes, la pena y la gloria, con brevedad de sermón, porque breve fue la palabra del Señor sobre la tierra (cf Rom 9,28) (Rb 9, 3-4).

Es decir, deben ayudar a los cristianos a reconocer el camino sobre el cual están caminando –«vicios y virtudes»–, y, consecuentemente, hacia dónde se dirigen: hacia la pena o hacia la gloria, la destrucción o la vida. Y deben ayudar a todos a volverse hacia el rostro del Señor y caminar hacia él.

Predicar la penitencia significa recordar el sentido, la dirección fundamental que debe tener la propia existencia, basándola en la de Cristo: ser hermanos de misericordia frente a todo hombre llagado, que yace al borde del camino de la vida.

Esto supone que la predicación no se hacía –o no solo– desde el púlpito, distante y dirigida a la multitud, sino que debía ser familiar, cercana y personal. Entrar en casa de la gente y comer lo que les es ofrecido; entrar, por tanto, en la historia de la gente y en sus vicisitudes personales y, luego, ahí dentro, anunciar el Evangelio, la paz.

En el *Testamento,* Francisco recuerda la vida de los inicios, y dice escuetamente: «El Señor me reveló que dijésemos este saludo: "El Señor te dé la paz"». No repite una simple fórmula, sino que está hablando del don del Resucitado, de la nueva vida que él otorga. La misión es hacer presente en el mundo el anuncio de la nueva vida de Jesucristo. Solo una mirada nueva sobre el mundo partiendo de la lógica del Evangelio permite crear nuevos vínculos entre los hombres fundados en la misericordia, donde el otro no es un adversario sino un hermano. Pero eso solo lo conseguirán «anhelando, por encima de todo, tener el Espíritu del Señor y su santa operación».

Ecología

Francisco vivió intensamente lo que podemos llamar una «mística de la naturaleza», un profundo sentimiento de respeto, amor y ternura hacia la creación. Para Francisco, toda la creación no solo es espejo de Dios, sino Palabra suya, mensaje personal de amor y de amistad, que él percibía tanto en las pequeñas criaturas como en las grandes. De todo y de todos se sentía hermano.

El hombre de hoy está dándose cuenta de que estábamos expoliando nuestro planeta con la locura de quien hace leña cortando la rama del árbol en que está subido. Muchos piensan que estamos muy cerca de una destrucción ecológica irreversible. De ahí que uno de los «signos de nuestros tiempos» sea el movimiento ecológico, cuyo modelo y patrono es Francisco.

Es penoso que, conociendo por la Revelación que el mundo es obra de Dios, hayamos sido tan insensibles e insensatos en este aspecto. Los cristianos debemos abrir los ojos de la fe y descubrir como una de las exigencias de la vida cristiana esta actitud de respeto, de admiración y de cariño hacia todo lo creado.

Los cristianos debemos abrir los ojos de la fe y descubrir como una de las exigencias de la vida cristiana esta actitud de respeto, de admiración y de cariño hacia todo lo creado.

Si hoy no podemos vivir literalmente como Francisco, sí podemos plantearnos ciertas renuncias a comodidades y lujos que contribuirían a mejorar el «hábitat» humano. Viviendo más sobriamente, con una visión más libre y fraterna-solidaria con tantos que padecen hambre y pobreza.

El verdadero espíritu cristiano y, también, el franciscano, nos enseña a descubrir la felicidad y el equilibrio humanos dentro de un estilo de vida sencillo, sobrio y austero.

ENCARNAR: Experiencia de vida que crea

El Señor me condujo a una tierra lejana y allí me dio hermanos. Una tierra rica, bendecida con mucha entrega de los hermanos y hermanas llegados allí desde diversas partes del mundo. Una tierra hermosa, pero que es «de paso» para otras tierras o tareas que se consideran mejores, rentables.

Es una tierra de misión, así se la conoce en muchas partes –pero, ¿qué tierra no es de misión?–, y a la que se llega por envío y mandato: «Id al mundo entero». Es una parte de la Iglesia; se la conoce como «Vicariato». El nuestro, al que fuimos enviados, es un territorio inmenso, poco poblado, pero con mucha vida.

Me estoy refiriendo al Oriente peruano, en la Amazonía; un territorio llano, todo vegetación y agua. Allí llegué –como otros hermanos– como «enviado», hace bastantes años, con una misión. Regresé hace tres; ahora, con otra misión.

Un hermano de otro Vicariato más al norte, escribe bellamente: «Hacemos lo que podemos, con lo que tenemos y los que somos [cita a un sacerdote]. Somos muy pocos, pero tratamos de responder a Diosito entregándonos al pueblo lindo, y creo que Él no nos pide más. Brindando nuestra limitación, regalando nuestra pobreza lo mejor que podemos. Y buscando estar acompañados, algo clave para nuestra supervivencia vocacional» (César Caro). Porque, también allí, escasea el misionero, y no porque no se pida ayuda. Hay muchos que manifiestan entusiasmo, pero –siempre hay un «pero»– ¿qué se piensa o se espera encontrar? A pesar del testimonio constante y la promesa que sirven como llamada y ejemplo.

Allí encontré muchos hermanos y hermanas, admirables, generosos, entregados hasta el fin. Su testimonio, abnegado y heroico, de muchos años de entrega, siempre fue mi apoyo para mi misión: ayudar a caminar juntos, compartiendo… todo. De los muchos nombres que recuerdo, expongo uno. Un Franciscano (nacido en Cevico Navero, Palencia, en 1946) que, desde 1999, vivió en el Vicariato de Requena (Perú). Su nombre Florencio Mínguez Niño, Franciscano.

Fue precisamente el año de la pandemia (2020), de tanto sacrificio y entrega vital, cuando en agosto, se sintió muy grave. Después de varias visitas a especialistas, tuvo que regresar a

España, donde fue intervenido de un cáncer maligno de laringe. Obligaba a la extirpación. ¿Y a la pérdida de voz?

En unas notas que dejó escritas, manifestó su experiencia y su entrega a la nueva misión, entonces con enfermos que habían sufrido la misma intervención y que seguían procesos de recuperación. Era invitado con frecuencia a compartir su experiencia para animar a otros. Así entendió su nueva misión. Falleció a comienzos del mes de noviembre de 2023.

En un testimonio que dejó escrito, resume tres momentos importantes, sin los que su vida resultaría incomprensible.

Esta breve historia [se refería a su vida] no sería la misma si no hubiera estado durante tres años en la tierra de Jesús y sin haber sido ordenado en Jerusalén. Habría sido también totalmente diferente si no hubiera seguido la llamada-invitación del Señor para ir a Ruanda y a la selva de la Amazonía peruana. Estas tres realidades, aparte de ocupar una buena parte de mi vida, han marcado mi modo de pensar, actuar y, en especial, mi modo de ser y vivir.

Sí, aquel tiempo breve vivido en Ruanda y nuestra forma de vida lo más parecida a la de ellos me enseñó que se puede vivir con un mínimo de cosas y comodidades y, como ellos, ser felices. Que cuanto más desprendido seas, pero al mismo tiempo más lleno de fe y esperanza en un futuro estés, la meta que te has trazado va quedando más cerca, con esfuerzo y voluntad de superación. Que el pasado existe para recordarlo, pero no para seguir viviendo en él. Y también que la fe celebrada cada domingo debe manifestarse con alegría como ellos lo hacen, con canto y danza. Todo ello te enseña, que, a pesar de todo, la vida es bella.

Sí, en este tiempo largo vivido en la Amazonía peruana aprendí que ser misionero es vivir con ellos y aprender de ellos, al tiempo que ser portador de esa riqueza inmensa que es la «buena noticia», el Evangelio. Aprendí que, con la ayuda generosa de personas y bienes desde aquí, allí se hacen milagros en promoción humana y desarrollo integral. Y descubrí, y sigo descubriendo aún hoy, que ya estoy lejos, que son muchos, más de los que creemos, los que, desde su fe religiosa en Dios o su fe en el hombre, son también misioneros, portadores de vida y esperanza.

Para la reflexión personal y el compartir comunitario

- Partamos de nuestra realidad cultural, histórica, religiosa. De las condiciones que más nos afectan hoy, personal y comunitariamente. Podemos reflexionar también sobre lo que, en estos momentos –época de cambio o cambio de época–, más nos preocupa, interroga, desafía. Dialogad sobre esto y planteaos: ¿qué mundo queremos y cómo ayudamos –o podemos ayudar– a su «creación»?

- El movimiento franciscano conectó con las aspiraciones de su tiempo. ¿Y en la actualidad? Leed y comentad el siguiente texto:

La de Clara y Francisco es una historia que con el pasar de los siglos no ha perdido nada de su abrumadora novedad. Al contrario, es como si el tiempo transcurrido no terminase de subrayar su radical actualidad: la relación con los pobres y, consecuentemente, con el dinero y el poder; el lugar no subalterno de la mujer; la función de los laicos en la institución religiosa; la importancia del trabajo manual en el servicio al prójimo y como garantía de libertad; la relación con diversas religiones. Pocas otras figuras históricas han llegado a forjar un modelo de comportamiento capaz de contraponerse al existente con una radicalidad pareja a su mansedumbre.

Porque, en el fondo este es uno de los aspectos más característicos del magisterio de los dos santos: el intento de responder a una pregunta, hoy como ayer, «imposible»: ¿cómo hacerse cargo de las injusticias del mundo usando solo las palabras del Evangelio...? Aquella de Clara y Francisco es la historia de dos jóvenes que, mirando de frente al mundo que les rodeaba, decidieron cambiarlo. Lo hicieron dedicándose a los últimos: porque en el rostro de los últimos vieron el rostro de Dios (Chiara Frugoni, *Storia di Francesco e Chiara*).

- Propuesta: Tras leerlo, comentad el texto del apartado anterior («Encarnar: Experiencia de vida»).

Capítulo 5

Cuidar de todo

ESCUCHAR

Podríamos decir que cada tiempo tiene su palabra clave, de aplicaciones múltiples. «Cuidado» parece ser la nuestra. Asambleas, congresos, publicaciones, reflexiones... encontramos por todas partes. Axioma cultural y principio ético transversal.

Podemos preguntarnos qué se suscita ante la palabra «cuidado»: qué realidades, qué sensaciones. Notaremos que, de fondo, «cuidado» tiene que ver con «fragilidad», «vulnerabilidad». Como prevención, como protección, como sanación. Una reformulación de la famosa «regla de oro»: cuida como quieres ser cuidado.

Paradójicamente, en una época de superhéroes y superheroínas, de escatologías inmanentes que prometen alargar la vida hasta lo increíble, de exploración de espacios insospechados –inimaginables, por pequeños o por grandes–, el ser humano hoy se percibe como un ser profundamente frágil. Frágil y herido, que dispone de un poder nunca visto no solo de matar sino de aniquilar la vida, o casi. Nada más peligroso, dicen, que un animal herido. Cualquiera de nosotros se sabe alguien dañado que daña.

Tras la «todopoderosa modernidad», tras la desencantada postmodernidad, adviene una humanidad –líquida, «metamoderna»– que se descubre –atónita– con una «herida infinita» (J. M. Esquirol). La herida no es solo carencia, sino umbral desde el que puede brotar lo mejor de lo humano: apertura, aceptación, hondura, compasión y alteridad radical.

Hablar de «cuidado», aunque a veces lo parece, no es una moda, es un golpe de realidad. No somos lo que creíamos. Nuestros deseos no eran tan poderosos, ni tan firmes, ni tan posibles. Nuestros logros, lo son, pero mucho menos de lo que pensábamos, y no se han dado sino a un alto coste. Bienvenida sea la conciencia de vulnerabilidad, que empalma con el anuncio de la Buena Noticia: «los ciegos ven, los cojos andan...», los heridos sanan.

EVOCAR: Francisco, cuidador y necesitado de cuidado

¿Qué podríamos decir de Francisco y de esta invitación a «cuidar de todo»? Recordemos datos. Hemos visto a Francisco frágil en distintos momentos de su vida. Su proceso de conversión tuvo, entre sus desencadenantes, la experiencia personal de su no-suficiencia, en sí mismo y en otros –¡lo que se puede ver en un campo de batalla, se gane o se pierda!–. Lo sabemos entre leprosos y despojándose de sus vestidos, desnudo. Nos ha sorprendido mendigando piedras y reparando ermitas «inservibles». No se ha avergonzado de comunicarse con animales o de cantar al viento, o de arrancar música de ramas de árbol. Ha querido que las huertas que cultivaban los hermanos tuvieran un espacio donde creciera libremente lo que la tierra quisiera ofrecer. Se ha preocupado activamente de que no les falte a Clara y a sus hermanas la atención necesaria –material, espiritual–. Ha mediado restaurando relaciones rotas. Ha pedido ayuda, se ha dejado cuidar. Le hemos escuchado llorar y reír, y saberse incapaz de afrontar situaciones, padecer soledad, aprendiendo a permanecer en el Señor, roca firme.

Además, el hermano de Asís es amigo de términos como «acogida», «custodia», «solicitud», «guardar», «hospitalidad», «benignidad», «bendición», «caridad», «servicio», «reparar», y un largo etcétera. Podríamos ir recorriendo las referencias y elaborar un diccionario franciscano monográfico del cuidado. En estas páginas esbozamos apenas una panorámica.

Ve, y repara mi Iglesia

Más allá de la cuestión crítica que se plantea, estas palabras del Señor –con voz o sin ella, en estos términos o en otros– contienen la vocación y misión de Francisco.

Esta llamada a «reparar» no se refiere a «pagar por haber ofendido», como se ha entendido en otros momentos en la historia de la Iglesia, sino que es respuesta de amor, «amor por Amor»: «Nada de vosotros retengáis para vosotros mismos, para que enteros os reciba el que todo entero se os entrega» (CtaO 29).

Se descubre un auténtico «hilo rojo» de *reparación* en la vida y los escritos de Francisco que va modulándose de distintas formas en su experiencia cristiana. Mencionamos algunos:

• El mandato del Señor se refiere, ante todo, a *reparar su propia vida*. Los espacios en los que nos movemos reflejan algo de quienes los habitamos. Esa ermita derruida le hace de espejo: por su estado de fractura y por la promesa que contiene –«casa» de Dios–. A la vez que encala, Francisco piensa. A la vez que encastra o revoca, Francisco tiene que habérselas con su soledad. A la vez que busca piedras que rellenen huecos, Francisco toma conciencia de sus propios vacíos, de la necesaria renovación del espacio interior. A la vez que limpia, Francisco, en la inevitable y necesaria lentitud de los procesos, cae en la cuenta de la banalidad de las preocupaciones que le han habitado. A la vez, también, Francisco va haciendo espacio para el «quién soy yo y quién eres tú» que se le hace súplica, admiración y camino. Se ve a sí mismo en estado «ruinoso» y se ve así precisamente como consecuencia de un Amor que le ha sorprendido y de una luz más clara que va desgarrando sus sombras.

• Los textos de Francisco relacionan amable y espontáneamente estas dos expresiones: reparar como «preparar morada» y «vivir en penitencia». Tal conexión se convierte en exhortación tanto para los hermanos, como para «todos los fieles» laicos partícipes de la forma de vida franciscana. Desde esta intuición, la vida cristiana consistiría en disponerse a recibir a Aquel que ha querido plantar su tienda en nuestro mundo (Jn 1,14). Esta acogida interpela a la propia libertad impulsándola a actuar: «prepara, acoge, pon lo que está de tu parte (vida en penitencia)». Para Francisco, el «corazón puro y limpio», que acoge y guarda la palabra de su Señor, que permanece fiel, es la auténtica *casa de Dios,* templo vivo, espacio donde puede reposar, residir, el Espíritu del Señor.

• *El corazón «reparado» cuida y dignifica: los leprosos.* Con ellos *«practica misericordia»:* no solo da limosna, comparte vida. Recordando esos momentos, podemos preguntarnos: ¿quién dignifica a quién?, ¿quién rescata a quién? De esos encuentros, Francisco salió «diferente». Al hijo de Bernardone, los leprosos le sanaron. ¿De qué? Podemos respondernos mirando al Francisco del «después»: los considera hermanos e iguales y ya nada es tan desagradable que no pueda ser contemplado con «dulzura». A veces, aquello que más podría repelernos, lo que *naturalmente* rechazamos, nos espera como *lugar de revelación,* ámbito de *sanación* y reparación. Donde nosotros decimos «este no es lugar de Dios» –¡un pesebre!, ¡una cruz!–, Dios nos ofrece la posibilidad de entrar en su morada: Él la habita y la hace habitable, más aún, *santa.* Solemos huir de estos «lugares», hasta que algún día, «movidos (empujados) por el Espíritu», somos introducidos allí. ¡Y cómo cambia la autopercepción, la percepción del otro, de Dios, del mundo y de la historia!

A veces, aquello que más podría repelernos, lo que *naturalmente* rechazamos, nos espera como *lugar de revelación,* ámbito de sanación y reparación.

• Este «recomponer lo roto», «hacer penitencia», se irá profundizando en el tiempo, configurando un *estilo de vida* que se explica por sí mismo:

En toda casa en la que entren, digan «paz a esta casa» (Rb 3, 13).

Cuidad vuestras almas y las de vuestros hermanos (Rnb 5, 1).

Todo aquel que venga a los hermanos, amigo o adversario, ladrón o bandido, sea acogido benignamente (Rnb 7, 13-14).

• Podemos, también, recordar su costumbre de *bendecir:* «El Señor me dio... que yo diese esta bendición a todos mis hermanos» (Test 40-41). Este reconocimiento de bondad –compañera de la verdad, de la belleza, de la caridad– conecta con cómo hemos sido creados –«vio Dios que *todo* era muy bueno»– y se hace praxis, misión: «Todos los hermanos... bendíganse mutuamente» (CtaO 50-51). Poder bendecir remite a un corazón y una mirada limpia que sabe ver, más allá de las apariencias y de las experiencias, el fondo del ser humano, en cuanto hijo e hija de Dios *Abbá,* en cuanto amado por Jesús hasta dar su vida.

Originariamente, eso somos, bendición. Y eso es todo lo creado. Francisco exhorta a todas las criaturas: «Load y bendecid a mi Señor, y dadle gracias y servidle con gran humildad» (Cánt), todo se le hace Palabra y don.

Un testimonio concreto. Francisco, en uno de los momentos más críticos de su vida, retirado en el monte Alverna –donde recibió la impresión de las llagas–, acoge las penas del compañero: León está en crisis. «Como una madre» (cf CtaL) no solo le dice mensajes de consuelo, sino que le bendice por escrito –¡y eso que están juntos!–,

para que pueda conservarlo y actualizar cada vez que lo necesite:

El Señor te bendiga y te guarde.
Te muestre su rostro
y tenga misericordia de ti.
Vuelva a ti su mirada
y te conceda la paz.
El Señor te bendiga,
hermano León.

Esta bendición, inspirada en la bendición aarónica (Núm 6,24-26), sigue fortaleciendo y suavizando. Toda bendición remite al Señor, en Él bendecimos. Bendecir contribuye a sanar la mirada y la relación.

La enfermedad propia y ajena, aprendizaje de cuidado, minoridad y pobreza

La enfermedad fue uno de los primeros toques de atención que recibió Francisco, tras su derrota miliar, estando en prisión. Después, irán apareciendo dolencias cada vez más graves, más por su estilo de vida que por la edad[1]. Algunos textos paradigmáticos:

---

[1] «Enfermedad» en los escritos de Francisco se relaciona con el seguimiento de las «huellas y pobreza» del Señor: cf Rnb 10; Rb 3; 6; Cánt 10; ExhCl 5; Adm 6, 2.

- La primera referencia es la de la Regla de 1221:

Si alguno de los hermanos, dondequiera que esté, cayera enfermo, los otros hermanos no lo abandonen, sino designen a uno o más hermanos, si fuera necesario, que le sirvan como querrían ellos ser servidos; pero, en caso de extrema necesidad, pueden confiarlo a alguna persona que se haga cargo de lo necesario para su enfermedad.

Y ruego al hermano enfermo que dé gracias de todo al Creador; y que desee estar tal cual le quiere el Señor, ya sano ya enfermo, porque a todos los que Dios predestinó a la vida eterna, los instruye con el aguijón de los azotes y enfermedades y con el espíritu de compunción, como dice el Señor: «Yo a los que amo, los corrijo y castigo». Y si alguno se turba o irrita, sea contra Dios sea contra los hermanos, o si tal vez exige con inquietud medicinas, anhelando en demasía liberar la carne que pronto morirá y que es enemiga del alma, eso le viene del malo y él es carnal, y no parece ser de los hermanos, porque ama más el cuerpo que el alma (Rnb 10, 1-4).

El *contexto* refleja la realidad de la primitiva comunidad –joven, itinerante–, en el que la enfermedad de uno impide el desarrollo de la vida cotidiana. En estas situaciones, surge preguntarse: ¿qué hacemos?, ¿detener el ritmo de vida y quedarnos a cuidarle? *La opción primera es permanecer junto al enfermo,* atenderle «como querrían ellos ser atendidos». Queda muy clara la prioridad. Esta opción debió plantear dificultades prácticas en momentos de «extrema necesidad» y se plantea un *criterio de excepción:* «confiarlo a alguna persona», buscar alternativas, crear red. Supone integrar un sabio principio de realidad: aunque queramos, no siempre podemos atender como querríamos: por el tipo de «enfermedad», por no disponer de recursos, por el necesario equilibrio con otros aspectos del proyecto de vida.

Las *palabras que Francisco dirige al enfermo* constituyen un breve tratado de aceptación cristiana de la enfermedad. Nos vendría bien considerarlas despacio. No son solo las de un hombre medieval o radical, sino las de alguien que sabe del poder del miedo al sufrimiento y a la muerte. Desde esa sabiduría, propone toda una pedagogía espiritual: aceptación de la realidad, aprovechar los aprendizajes que se ofrecen en esta situación, indiferencia espiritual, agradecimiento al Señor y sus caminos de empobrecimiento. Y avisa de que la enfermedad es otro *test del ser hermano, hermana, pobre:* turbarse, irritarse contra Dios o contra los hermanos, exigir medicinas «en demasía», no se corresponde con alguien que ha conocido a Dios Todo Bien, que quiere «observar el santo Evangelio», compartir la vida de los pobres y que sabe que «en la vida y en la muerte somos del Señor».

Francisco sometido a todos, que deciden por él lo que le conviene y lo que no le conviene, se rinde, en una pobreza que se le impone.

• Unos años más tarde, quizá desde la experiencia personal y de los hermanos, desde un contexto distinto, más estabilizado, con más personas en las fraternidades, obligado también a abreviar el texto, Francisco concentra el mensaje en lo esencial, «la regla de oro: "Y, si alguno de ellos cayere en enfermedad, los otros hermanos le deben servir, como querrían ellos ser servidos"» (Rb 6, 9).

• Cerramos esta reflexión aproximándonos a Francisco enfermo. Llegará a ser, en él, un sufrimiento significativo, porque tendrá que convivir con el dolor físico crónico. A Francisco, los hermanos no le abandonaron, al contrario. El pobre de Asís, que había hablado de cómo ser Hermano Menor en la enfermedad, pudo solo parcialmente ser ejemplo de ello. ¿Por qué? Porque, muy a su pesar y solo por obediencia al mandato del Ministro General, fue atendido por los mejores médicos y tuvo a su disposición todos los medios terapéuticos de la época, por infructuosos –cuando no desastrosos– que resultaran. Francisco se veía atendido, sí, pero a la vez privado, des-pojado, de vivir su deseo más hondo de ser «menor» y esperar en paz –sin «encarnizamiento terapéutico»– a la hermana muerte.

Francisco, en su etapa final, donde es un auténtico indigente (cf VerAl) –a pesar de su fama y de la explosión demográfica de la Orden– ha de realizar un aprendizaje más: «dejarse llevar y traer», como Jesús en la Pasión. Sometido a todos, que deciden por él lo que le conviene y lo que no le conviene, se rinde, en una pobreza que se le impone desde la realidad misma de la impotencia. Liberado de toda autosuficiencia y de toda pretensión, de todo empeño en ser el primero en dar ejemplo, de todo deseo de radicalidad, se deja «en manos de»: asume que otros lo sostengan. Ahora sí que es Hermano Menor, mucho más de lo que habría pensado, y de forma muy distinta. Varios nombres de cuidadores vienen a nuestra memoria: León, especialmente, quizá también Ángel y Rufino, Clara y sus hermanas, Jacoba... Ellos y ellas, tantas veces sostenidos y reparados por Francisco, ahora están ahí, con su respetuosa ternura. De nuevo nos preguntamos: ¿quién cuida a quién?, ¿quién sale «reparado»?

El cuidado como misericordia: Carta a un ministro

Tenemos un magnífico testimonio. Extractamos lo siguiente:

A fray N., ministro: El Señor te bendiga. Te digo, como puedo, acerca del caso de tu alma, que aquellas cosas que te impiden amar al Señor Dios, y cualesquiera que te hicieren impedimento, ya hermanos ya otros, aun cuando te azotaran, debes tenerlo todo por gracia. Y así lo quieras y no otra cosa. Y esto tenlo por verdadera obediencia al Señor Dios y a mí, porque sé firmemente que esta es verdadera obediencia. Y ama a aquellos que te hacen esto. Y no quieras otra cosa de ellos, sino lo que el Señor te diere. Y ámalos en esto; y no quieras que sean mejores cristianos. Y ten esto por más que un eremitorio.

Y en esto quiero conocer si tú amas al Señor y a mí, siervo suyo y tuyo, si hicieres esto, a saber, que no haya algún hermano en el mundo, que haya pecado todo cuanto haya podido pecar, que, después que haya visto tus ojos, nunca se retire sin tu misericordia, si busca misericordia. Y si no buscara misericordia, pregúntale tú si quiere misericordia. Y si pecara mil veces después delante de tus ojos, ámalo más que a mí, para que lo atraigas al Señor; y ten siempre misericordia de los tales.

Este texto revela como pocos la mirada de Francisco en situaciones fraternas de conflicto. Pide un más de «cuidado» para aquel que no puede, no quiere, no sabe, responder: «el hermano que peca». Francisco señala: esta es «la prueba del algodón» del ser hermanos.

• Por las palabras de Francisco, se percibe a un ministro cansado. No es un cansancio cualquiera, que se restaura con los medios habituales –«airéate, descansa, aliméntate mejor»–. Es el cansancio de llevar el peso de la fraternidad, de estar tomando la iniciativa en la mediación, de tener hermanos difíciles. Este ministro cansado pide un cambio de destino. Considera, quizá, que ese «no poder» más es señal «de Dios» para dar un paso al lado y retirarse a un eremitorio para estar más con el Señor. «Me cuesta tanto [podría "discernir"] que debe ser que el Señor no quiere esto para mí». El ministro vive su servicio como un obstáculo en su relación con el Señor.

• Francisco, hermano, desenmascara y, maestro espiritual, propone. Veamos. Desenmascara

suavemente, le lleva a ver que los obstáculos para amar no están fuera –personas, cosas–, sino dentro, en cómo se viven.

Francisco, a la vez que desenmascara, le propone un cambio de mirada: «debes tenerlo por gracia». Auténtica pedagogía de choque: ¡cómo va a ser gracia este conflicto, quizá continuo!, ¡cómo va a ser gracia la estrechura, la aridez, la incomprensión! «Quiérelo así [eso que te impide] y no otra cosa». Amar la realidad, abrazar los límites ajenos y los propios. Aprender a integrar lo adverso como parte de la vida, de las «huellas y pobreza» a las que somos llamados: hay un cuidado que no aparta del conflicto, sino que enseña a vivir en él.

Y, ahora, le recuerda el fundamento: «sea esto para ti *verdadera obediencia* [...] pues sé firmemente que esta es *verdadera obediencia*» (v. 4; cf Adm 3). Otros textos del Hermano sobre la obediencia nos ayudan a comprender qué le dice exactamente al ministro atribulado. Para Francisco, «obediencia» es una forma de denominar el seguimiento mismo de Jesucristo, la forma de vida evangélica, sinónimo de pertenencia comunitaria y de un amor que –con Jesús– da la vida por el otro. «Sé firmemente», se le escapa: aquí el mismo Francisco se retrata y revela entre líneas que este es el camino que él tiene que hacer cada día, pues el amor y el perdón no viven de rentas.

• A continuación, se desarrolla una exhortación que no puede menos que sobrecogernos y hasta escandalizarnos: llama a aceptar incondicionalmente lo no amable de los hermanos, a no juzgar ni airarse, aunque el otro no cambie –evidentemente, a Francisco no le da igual el pecado del hermano–. «Ámalo más que a mí».

Lógicamente, Francisco habla de *principios* de vida cristiana y franciscana, del criterio que el Señor ha tenido con nosotros. El discernimiento de las situaciones concretas pide tener en cuenta consideraciones prácticas en las que aquí no entramos. Las decisiones finales pueden variar, lo que no puede faltar es el «principio misericordia».

¿Francisco pide imposibles? No más, desde luego, que Jesús. ¿Es imposible? Volvamos al «repara

mi Iglesia», con el que viene «a hacerlo todo nuevo» (Ap 21,5). El perdón es un acto unilateral de amor que recrea. Solo el perdón cambia el pasado, porque cambia las consecuencias destructoras, y da nuevo nacimiento, aunque sea después. «Perdonad, porque habéis sido perdonados». Aunque se necesite vivir todo un camino para llegar aquí.

REPENSAR: Cuidar franciscanamente

¡Cuánto que *reparar,* que *cuidar,* que *reconciliar!* Tendríamos mil respuestas que incluir y aún nos quedaríamos a medias. Expertos de todo tipo y nosotros mismos hemos hecho de «arquitectos» y «albañiles» de la necesaria reparación eclesial. Cada época acomete la tarea, sin embargo, ahí está, la *Ecclesia semper reformanda.*

El punto de partida de esta «reparación» es el de los básicos, que son «de siempre»

La reparación de la Iglesia, en primera instancia, empieza por uno mismo, por una misma. Toda pretensión de reparar la Iglesia tiene aquí su clave de bóveda. Es verdad que hay distintos niveles de actuación, cada uno con sus propias dinámicas, pero este ámbito es esencial. Hemos de ver qué estamos haciendo con nuestra experiencia vocacional, con nuestra vida franciscana. Con el paso de los años, qué fácil es deslizarse suavemente hacia una vida a la propia medida. No podemos menos que revisar nuestra escucha real al Señor que nos habla y nos llama precisamente en lugares que a primera vista parecen «desacralizados», «incapaces de Dios», en concreto, la realidad que nos toca vivir, en lo personal, institucional y social.

Reparar la Iglesia es aplicarse a construir ámbitos de encuentro, en esas distancias cortas y medianas que traban la viabilidad de la convivencia, de la integración no teórica de las diferencias, de la elaboración práctica de los conflictos, del respeto a la dignidad de toda persona por encima de toda otra consideración, la solidaridad, la fraternidad universal. «Amistad social», la llamó el papa Francisco (cf *Fratelli tutti*). Las concreciones, muchas: ¡tantos proyectos de humanización, integración, reconciliación! Y, con ellos, la llamada a salir, en lo posible, de nuestras zonas de confort, y donde hemos hecho «lo de siempre».

Reparar la Iglesia es reconocerse formando parte de la comunidad humana, saberse peregrinando sencillamente junto tantos hombres y mujeres de buena voluntad, que se desviven –mártires también, sin siglas– por hacer de este mundo, de nuestra Casa Común (cf *Laudato si'*) un lugar más amigable, más justo, más inclusivo, más solidario, más pacificado y más compasivo. Trabajar por la justicia y la paz, por el cuidado de la creación, no es facultativo, es un imperativo ético que no necesitaría más motivación que la de una mínima conciencia ética. ¡Cuánto que reparar! ¡Cuánto que colaborar! Todo contribuye. Es posible que nuestro consumo local no arregle los graves problemas de la humanidad y del planeta, pero apoya y, sobre todo, concientiza, y eso es valor añadido. ¿Por qué no «estirar» más nuestra acción? ¿Por qué nos sumarnos más explícitamente a las iniciativas en curso? No todo es cuestión de ahorro.

En este repensar cómo reparar la Iglesia nos conviene recordar y actualizar las palabras de Francisco

Y, dondequiera que estén y en cualquier lugar donde se encuentren unos con otros, los hermanos han de tratarse espiritualmente y con amor, y honrarse mutuamente sin murmuración. Y guárdense de mostrarse exteriormente tristes e hipócritamente sombríos; antes bien, muéstrense, gozosos en el Señor y alegres y convenientemente agradables[2] (Rnb 7, 15-16).

Poco comentario se necesita. Después de invitar cortésmente a los hermanos a «honrarse mutuamente», e instarles a evitar toda murmuración, Francisco hace una oda a la alegría: «muéstrense gozosos en el Señor», «alegres», «oportunamente agradables». Lo necesitamos como respirar: sonreír, reír, alegrarnos. La sonrisa no sana todo, pero ayuda mucho.

Nos preocupa la pobreza evangélica, construir fraternidad, acoger la soberanía de Dios, discernir la misión. Pero no siempre entra en nuestros proyectos el sentido de la fiesta, poder jugar sin afán de ganar, gozarse de ese don inaudito que es la existencia en sí misma. Al mundo, a nuestro tiempo, a nuestra vida, le falta alegría.

La vida no es fácil, desde luego. Hay momentos de mucha estrechura, los atravesamos como sabemos y podemos, confiando en que la vida es eso, sí, pero es más. En ocasiones, sin embargo, parece que «somos más si sufrimos más», si tenemos muchos trabajos y preocupaciones y poco ocio (¿dónde entraría la oración personal y comunitaria?). Como si hoy, en esta «sociedad del cansancio» (Byung-Chul Han), ¡en esta vida religiosa!, consideráramos «un lujo» detenerse, descansar, airearse, no ser 24/7 «productivos». Mucho tenemos que revisar, mucho que aprender a confiar. «Los paganos se preocupan» (Mt 6). Depende de personas y de la edad, y del

---

[2] «Francisco se coloca aquí abiertamente en contra de una idea que estaba en el ambiente, y cuya mejor expresión era el austero rigor de la penitencia y la tristeza de los cátaros: el religioso y el hombre piadoso no habían de mostrarse fácilmente alegres, sino más bien graves y serios» (Julio Herranz, OFM).

momento institucional, pero es un tema de la fe.

Ocupados en «lo importante», dejamos pasar los respiros que se nos ofrecen a cada paso, regalos inesperados. Olvidamos la sabiduría de los pobres del Evangelio, esa que sabe vivir –y agradecer y celebrar– con simplicidad el mosaico de gozos diminutos y regeneradores que salpican la vida cotidiana. En los desiertos más arduos de nuestro peregrinar, siempre se ofrece algún jardín, por pequeño que sea.

«Gozosos, alegres, agradables»: Francisco, «juglar», nos invita a acompañarlo en el canto, la danza y la poesía. A practicar el mandamiento del buen humor. A escrutar el rastro de la belleza que todo lo llena y, afortunadamente, no tiene nada que ver con el tener. «Tú eres [dice Francisco de Dios] Belleza. Descanso. Gozo. Alegría. Refrigerio» (AlD). ¿Creemos en un Dios así? Frank Gehry, arquitecto recientemente fallecido, decía que la belleza está en los ojos de quien mira. Mirar nuestro tiempo como un tiempo de Dios, un tiempo de gracia, un tiempo de bendición: «¡Me ha tocado un lote hermoso, me encanta mi heredad!» (Sal 15).

La verdadera alegría nace de una mirada desapropiada, restaurada, que descubre que toda tierra es «tierra santa», que todo lugar es «casa de Dios»: paradójica dicha.

La integración de la vulnerabilidad y el cuidado mutuo

Por último, solo lo mencionamos, pues es un tema al que nos estamos dedicando desde distintos ángulos en nuestras instituciones, hemos de reconocer la necesidad de repensar la *integración de la vulnerabilidad y el cuidado mutuo*, en las personas y en el conjunto. Un cuidado mutuo que exige contemplar y atender las realidades diferenciadas *ad intra* de nuestras instituciones según etapas vitales, diversidad cultural y otros factores. Atención que pide escucha a las personas concretas y sus necesidades.

A nivel de conjunto, se multiplican los análisis de realidad y las reflexiones sobre la *reducción*. No hay respuestas hechas, ni caminos sin dolor, pues la fragilidad crece. Podemos intuir que las cuestiones centrales no están «fuera», sino «dentro», en poder vivir con el Señor esta «noche» y darle sentido. Los programas de cuidado y atención son esenciales, pero en sí mismos no dan alma. Es hora de amar «lo que nos resulta tan amargo», de abrazar y besar lo que apartaríamos de nosotros en un primer impulso. Jóvenes, medianos y mayores estamos juntos en esto, a todos nos concierne: forma parte de la vocación y de la misión.

Nada es absurdo. Nada es inútil. Nada está perdido. Todo tiene su sitio en la revelación de la misericordia. El Espíritu del Señor nos conceda preparar y reparar en nosotros «habitación y morada». «Él viene a nosotros en humildes apariencias». Bondadoso Señor, el que hace maravillas (AlD), y transforma lo amargo en «dulzura del alma y del cuerpo», de verdad.

ENCARNAR:
Cuidar y reparar.
Presencia franciscana en los residenciales de Cáritas Madrid

Las Franciscanas Misioneras de la Madre del Divino Pastor, entre otras dedicaciones, viven y participan en dos de los centros del Servicio Diocesano de Vivienda de Cáritas Madrid: el residencial Jubileo 2000 (zona de Pacífico) y el residencial JMJ-2011 (Canillejas). Son espacios que acogen temporalmente a familias en situación de calle y vulnerabilidad extrema, ofreciendo un hogar seguro mientras reconstruyen su proyecto vital.

Estas comunidades, interculturales e intergeneracionales, son conocidas como «Equipos de vida», presencias estables dentro del residencial, junto a las familias. Su función no es meramente operativa: ante todo son «vecinas» que comparten pasillo, preocupaciones y celebraciones con quienes allí habitan. La comunidad del «JMJ-2011» inició su misión en marzo de 2016, respondiendo a la invitación de Cáritas Madrid de ocupar un espacio donde no existía aún ningún equipo de vida. La del «Jubileo 2000» comenzó en enero de 2021 como respuesta a una necesidad y a la luz del Evangelio: «A vino nuevo, odres nuevos».

Su tarea puede describirse con una expresión simple:

presencia. La primera misión es «estar», disponibilidad para escuchar, acompañar procesos familiares frágiles. Y acciones concretas como: preparar alojamientos y acoger a las familias recién llegadas, acompañar al médico, cuidar a los niños cuando las madres necesitan salir, prestar auxilios básicos ante emergencias, intervenir en situaciones conflictivas, participar y dinamizar actividades grupales de convivencia… Todo ello en estrecha colaboración con el *Equipo Técnico* de Caritas –trabajadoras sociales, psicólogas y voluntariado–. Más allá de las tareas concretas, su principal cuidado es escuchar, tejer confianza, acompañar, recoger lágrimas.

Las hermanas reconocen que entrar a convivir con familias rotas por múltiples causas –violencia, precariedad, migración, soledad– a veces es duro y, sin embargo, profundamente transformante y evangelizador. Se recibe mucho más de lo que se da: comidas compartidas, gestos de cariño, detalles nacidos de la pobreza y, sobre todo, la posibilidad de entrar en la «tierra sagrada» de las personas y las familias.

En los escritos de Francisco, «reparar la Iglesia» tiene todo que ver con recomponer la dignidad rota, restaurar las grietas del tejido humano y fraterno. Estas comunidades –y otras como ellas– caminan en esta dirección. «A los pobres, no les hagáis esperar» (María Ana Mogas, fundadora).

Para la reflexión personal y el compartir comunitario

- Ecos, subrayados, cuestionamientos que nos surgen de la lectura del capítulo. Cada hermano/a puede elegir una palabra y compartir qué resonancias le surgen.

- Cuidado y reparación: Para mí, hoy, «reparar la Iglesia» tiene que ver con... (nivel personal, comunitario, de misión).

- Cuidado y vulnerabilidad, enfermedad. ¿Cómo está nuestro «hermano cuerpo» comunitario? (Ritmos, cansancio, tensiones, heridas). ¿Qué «cuidados» nos conviene practicar, personal y comunitariamente? ¿Y en la misión?

- Cuidado y bendición. Diálogo sobre «palabras que sanan, palabras que enferman»: experiencias, constataciones en la fraternidad y en otras relaciones, ¿compromisos?

Capítulo 6

Vivir y morir en un cántico

Unas palabras del papa Francisco:

La fragilidad es, en realidad, nuestra verdadera riqueza: somos ricos en fragilidad, todos; la verdadera riqueza, que debemos aprender a respetar y acoger, porque, cuando se la ofrecemos a Dios, nos hace capaces de ternura, de misericordia y de amor. Ay de las personas que no se sienten frágiles: son duras, dictatoriales. En cambio, las personas que reconocen con humildad sus propias fragilidades son más comprensivas con los demás. La fragilidad nos hace humanos. No es casualidad que la primera de las tres tentaciones de Jesús en el desierto, la relacionada con el hambre, intente robarnos nuestra fragilidad, presentándonosla como un mal del que hay que deshacerse, un impedimento para ser como Dios. En cambio, es nuestro tesoro más preciado: de hecho, Dios, para hacernos semejantes a Él, quiso compartir hasta el final nuestra propia fragilidad. Miremos el crucifijo: Dios que baja precisamente a la fragilidad. Miremos al pesebre donde llega con una fragilidad humana grande. Él compartió nuestra fragilidad (*Catequesis sobre el discernimiento*, 4 de enero de 2023).

Todos los cristianos estamos llamados a cuidar la fragilidad del pueblo y del mundo en que vivimos (EG 209, 210, 216).

ESCUCHAR: Vida y muerte en el mundo occidental hoy

Nuestro tiempo, a pesar de los avances, no deja de manifestar nuestra fragilidad extrema, que se hace patente en muchos aspectos y situaciones. Sí, el tiempo que vivimos pone más de manifiesto nuestra extrema fragilidad, personal e institucional:

La palabra más terrible que haya sido pronunciada contra nuestro tiempo es quizá esta: Hemos perdido la ingenuidad. Decir eso no es condenar necesariamente el progreso de las ciencias y de las técnicas del que está tan orgulloso nuestro mundo. El progreso es en sí admirable. Pero es reconocer que este progreso no se ha realizado sin una pérdida considerable en el plano humano. El hombre, enorgullecido de su ciencia y de sus técnicas, ha perdido algo de su simplicidad[1].

La muerte es una realidad universal que todas las culturas han tenido que afrontar, pero la manera como se percibe y se vive cambia según la época y el contexto. En el mundo occidental contemporáneo, uno de los rasgos más evidentes es que la muerte ha pasado de ser un hecho cotidiano, integrado en la vida familiar y comunitaria, a convertirse en un tabú social. El conocido especialista en paliativos, Enric Benito, dice que «se muere muy mal en el siglo XXI porque hemos perdido la noción de que es algo natural».

Normalmente, se evita hablar de ella, se oculta en hospitales y residencias, se rodea de un silencio que refleja tanto miedo como incomodidad. Sin embargo, al mismo tiempo, el tema de la muerte reaparece en los debates éticos, en los medios de comunicación y en la cultura popular, lo que muestra la paradoja de nuestra relación actual con ella.

En nuestra cultura, predomina el culto a la juventud, la belleza y el éxito, también del bienestar y el disfrute; mientras que el envejecimiento y el morir quedan relegados a un segundo plano. La mayoría de las personas ya no mueren en casa, acompañadas por sus familiares, sino en hospitales, bajo supervisión médica, lo que lo convierte en un proceso institucionalizado y distante. Lo cual ha modificado también la forma de vivir el duelo: antes se acompañaba de rituales comunitarios, mientras que hoy suele vivirse de manera más íntima y solitaria.

Un aspecto fundamental en nuestras sociedades es el debate ético sobre temas como la eutanasia y el suicidio asistido, que en varios países de Occidente han sido legalizados o se encuentran en discusión. Estos debates giran en torno al derecho de

---

[1] É. LECLERC, *Sabiduría de un pobre*, Encuentro, Madrid 2018.

cada persona a decidir sobre su final y a la necesidad de garantizar una muerte digna, frente a la prolongación artificial de la vida a cualquier precio.

Ciertamente no podemos negar la atención que los enfermos graves, las personas dependientes y los ancianos por parte de la sociedad, tanto en los presupuestos económicos, como en bastantes iniciativas sociales –los voluntariados para acompañar a personas solas, enfermas; proyectos que se desarrollan en muchas ciudades y regiones–.

Por otra parte, las reflexiones sobre la enfermedad y la muerte siguen siendo temas centrales en la filosofía y en la literatura contemporáneas, especialmente en un mundo marcado por los grandes avances tecnológicos, las crisis sanitarias vividas, las investigaciones médicas... y por un interés creciente en la ética del cuidado y la vulnerabilidad.

Resulta interesante el creciente interés por publicaciones, especialmente ensayos, de filósofos y pensadores, que reflexionan sobre la sociedad actual y que ponen de manifiesto la negación –u ocultamiento– de la muerte y de la enfermedad, por parte de la sociedad, vistas como fracasos del individuo en un sistema hiperproductivo y lúdico.

Algunos filósofos, como Byung-Chul Han, que estudian determinados rasgos de nuestra sociedad, llegan a afirmar que «hoy la muerte se suprime, se oculta, se medicaliza. La sociedad contemporánea no tolera el dolor, lo elimina». Pero, también muchos de ellos, hablan del sufrimiento y de la muerte como un momento de ruptura del ritmo vital y de cuestionamiento profundo. «La enfermedad –dice Francesc Torralba– nos descentra, nos arrebata las seguridades, nos obliga a mirar cara a cara nuestra contingencia».

Son frecuentes y exitosas las publicaciones, cursos, encuentros, que tratan de educar y curar las experiencias de dolor, pérdida, duelo... La reflexión sobre la enfermedad y la muerte como revelación y recuerdo de que somos vulnerables, finitos e interdependientes. Frente a una cultura que suele reducir a problemas técnicos e individuales, la filosofía trata de recuperar la dimensión ética y humana de la enfermedad y la muerte, y cómo entenderlas no solo como un final, sino como un horizonte que da sentido a la existencia. Estimamos muy interesantes y valiosas las reflexiones sobre la vulnerabilidad, la ética del cuidado, la interdependencia y la dimensión espiritual y trascendente de la existencia.

Podemos concluir que, en el mundo occidental actual, la muerte se encuentra en una situación ambigua: se evita en la vida cotidiana, pero se convierte en un tema central en la ética, la tecnología, en muchos debates y en la cultura. Este contraste refleja una dificultad profunda para aceptar la finitud, pero también la oportunidad de repensar el lugar que ocupa la muerte en nuestras vidas. El desafío contemporáneo es reconciliarse con ella, asumirla como parte esencial de la existencia y encontrar nuevas formas de ritualizarla y acompañarla con dignidad.

EVOCAR

En la sociedad contemporánea se prefiere mantener alejado el pensamiento sobre la muerte, no solo porque nos recuerda que somos criaturas limitadas, sino también porque deja al descubierto esas falsas seguridades que nos hacen sentir dueños del tiempo y de la vida. Francisco de Asís, en cambio, recibe la hermana muerte cantando, porque ha comprendido que la muerte no es el final de todo, sino el fin que nos permite entrar en plena comunicación con Dios. De hecho, la vida es un don recibido que debemos restituir (*Conferencia de la Familia Franciscana, 2023-2026. Un centenario articulado en varios centenarios*).

Francisco es consciente de que todo en su vida es don que hay que agradecer y restituir.

Cuando hacia el final de su vida, hace memoria de los momentos más importantes y de la acción del Señor que él ha experimentado en todo, no cesa de repetir: «El Señor me dio… y me da… me mostró… me reveló» (Test 1-14), refiriéndose al camino de conversión, el encuentro con el leproso, la fe en las iglesias, el don de los hermanos, vivir según la forma del Evangelio. Francisco es consciente de que todo en su vida es don que hay que agradecer y restituir (cf CtaO 29).

En Asís, Francisco fue considerado «rey de la juventud», por su talante alegre y su vitalidad. Un espíritu que mantuvo desde joven y que se manifestaba en su amor por la vida. También sus deseos de grandeza y de gloria manifiestan este espíritu positivo, inquieto, vital. Esto no desapareció con su conversión. Cuando se despojó de sus vestiduras ante el obispo y su padre, sintió una liberación gozosa y salió cantando en francés por los bosques, bendiciendo a Dios con cantos alegres (cf LM 2, 5). Y hasta el momento de su muerte, Francisco canta el Evangelio e invita a toda la creación a alabar y dar gracias.

Francisco vivió todas las etapas de su vida con una profunda fe, por eso pudo reconocer la presencia y la acción del Señor en todas las circunstancias, sintiéndose siempre acompañado y recibiéndolo todo –incluso la propia muerte, el sufrimiento y los conflictos– como don.

A los hermanos los enviaba a anunciar la Palabra, la Buena Noticia, cantando por los caminos y los pueblos, como los juglares y los trovadores, rebosando ellos mismos de gozo, porque el Evangelio es un camino de felicidad para todos (cf AP 15; LP 83).

Todo esto nos lo enseña en el *Cántico de las criaturas,* que es una de las obras más personales de Francisco. Lo dictó estando gravemente enfermo y casi ciego, al sentir próxima su muerte y confirmada por el médico. Lejos de reaccionar con miedo, la acogió con serenidad y gratitud, llamándola «hermana» e incluyéndola, con el coro de todas las criaturas, en su alabanza, y acogiéndola como la puerta hacia la vida eterna.

El núcleo de la espiritualidad de Francisco reside en su experiencia de fe, que le permite reconocer la presencia y la acción de Dios en todo y en todas las circunstancias. El *Cántico* es su profesión de fe en Dios, un himno pascual y un canto de victoria sobre la desesperación; integra el dolor, la enfermedad y la muerte dentro de una estructura poética y espiritual que remite todo al Creador. Y no puede ser más que una acción de gracias, un bendecir incesante a Dios, el Bien, el sumo y total Bien.

Francisco ve la muerte como parte del canto de alabanza que abarca todo lo creado y todo lo vivido. Al incluir esta estrofa dedicada a la «hermana muerte corporal» convierte este himno en un testamento espiritual y en la síntesis de la fe cristiana. Esta estrofa adquiere un carácter autobiográfico: expresa la experiencia íntima de Francisco, que acoge la muerte no como amenaza, sino como hermana, por lo que la afronta con serenidad, manteniendo hasta el final la alabanza.

Con esta visión, Francisco responde a la mentalidad medieval que veía la muerte y el sufrimiento como castigos. Les da sentido cristiano reconociéndolos como parte de la creación, como un tránsito confiado hacia la plenitud de Dios, no como un final trágico. Rompe el tabú y la llama «hermana», reasignándola en clave cristiana; la reconoce como parte de la creación y del plan divino. La sociedad de su tiempo, marcada por guerras, epidemias y miedos escatológicos, recibe de Francisco un mensaje liberador: la muerte no es el final, sino la oportunidad de entrar en la plenitud de Dios.

Así vivió él la muerte, con lucidez y serenidad, como parte de una espiritualidad cultivada en la alabanza continua. La afrontó con paz, sin miedo, llamándola hermana. Es la última prueba, pero también la última criatura, la más cercana y hermana, pues abre definitivamente el paso hacia Dios, la que nos introduce en la comunión plena con el Creador.

El optimismo del *Cántico* no nace de la ingenuidad, ni es un poema idílico, sino de una fe profunda que transforma incluso el sufrimiento y la muerte en motivo de esperanza. Así su canto es considerado un himno pascual, que brota de una fe probada, de la certeza de la resurrección y del amor de Dios.

Francisco enviaba a sus hermanos a cantar su *Cántico* como una oración y un medio de evangelización, andando por caminos y pueblos, como los juglares y los trovadores, llamando a la conversión y a la reconciliación, anunciando el Evangelio como «Buena Noticia» que debe rebosar de gozo, e invitando a la comunión fraterna con todos y con todo lo creado.

REPENSAR

La vida de Francisco suscitó un despertar evangélico que transformó y dio esperanza, en su tiempo y a través de la historia, por su atracción y por el movimiento que tiene origen en él: «¿Ha habido jamás una expectativa semejante, tal necesidad de evangelismo real, de experiencia de fraternidad humana, de espíritu de servicio y de dulzura, de pobreza y participación, de libertad y alegría?» (T. Matura). También hoy Francisco puede ser fermento de vida y de esperanza. El movimiento franciscano puede contribuir a una vida más humana y esperanzada para el hombre y la mujer de hoy. Los escritos y la vida de Francisco nos indican el camino a seguir.

En la tercera parte del *Cántico,* Francisco centra su mirada en la persona humana. Los temas que predominan en esta sección son las relaciones con el ser humano y sus conflictos y la actitud frente a la muerte: «Loado seas, mi Señor, por los que perdonan por tu amor y sufren enfermedad y tribulación. Bienaventurados aquellos que las sufren en paz, pues por ti, Altísimo, coronados serán (cf Sant 1,12). Loado seas, mi Señor, por nuestra hermana la muerte corporal. De la cual ningún hombre vivo puede escapar. ¡Ay de aquellos que morirán en pecado mortal! Bienaventurados los que encontrarás en tu santísima voluntad, pues la muerte segunda nos les hará mal» (Cánt 23-29).

El *Cántico* es un mensaje para todos: nos invita a ver la vida y la muerte desde la fe, a vivir en paz con el mundo y con Dios. Nos detenemos brevemente en él.

El *Cántico* es la oración de un pobre que ha aprendido a cantar, a abrir su corazón a Dios y a todas las criaturas, también a sí mismo, con una mirada limpia. Es un canto único y entusiasta, una oración, una loa, suficiente por sí mismo para desvelarnos la personalidad excepcional de Francisco y un eco de toda su experiencia humana y espiritual. En él, nos transmite:

> **El *Cántico* es la oración de un pobre que ha aprendido a cantar, a abrir su corazón a Dios y a todas las criaturas, también a sí mismo, con una mirada limpia.**

- Una visión reconciliada del mundo: la creación es buena y conduce a Dios. La alabanza de Francisco no es panteísmo ni ecologismo romántico, sino que surge de una mirada de fe que percibe todo lo creado como un universo sacramental, como imagen y huella y como camino hacia el Creador y al Redentor.

- Es expresión suprema de la fraternidad universal, de la reconciliación, de la comunión con Dios, con todos y con todo, que encontramos también en otros textos de Francisco, y que supuso para él un largo y difícil aprendizaje, pues nadie nace hermano, sino que se hace hermano.

- Nos habla también de la singular capacidad de asombro y admiración de Francisco ante la creación y ante la vida, que es mediación determinante de la fe y fuente sin igual de humanidad y humanización. El *Cántico* no brota de una consideración puramente estática de los beneficios recibidos de Dios que lleva insensiblemente a esa actitud falsamente religiosa que solo descubre a Dios cuando las cosas van bien; no brota del éxtasis ante la belleza de la creación contemplada en un hermoso día de primavera...; brota de algo más profundo y difícil: la lectura creyente –confiada y fuente de verdadera paz– de la vida y de la historia; y es que, más allá de la propia decepción y más allá de la autonomía del mundo, a todo creyente le es dada la posibilidad de hacer que toda realidad le sea trasparente y significativa, la posibilidad de releer la propia existencia como la historia de un amor y una fidelidad: el amor y la fidelidad de Dios, más fuerte que las propias grandezas y fragilidades.

- Nos desvela también otro aspecto importante de la experiencia de Francisco: la oración en medio del sufrimiento. Cualquiera que sea su signo –enfermedad, desvalimiento, incomprensión, frustración, fracaso, marginación, aridez espiritual...– supone siempre un cuestionamiento para la racionalidad humana y también para la fe, que puede ir acompañado por una crisis del sentido de la propia vida. La respuesta no puede venir más que por las vías de la autenticidad existencial, es decir, la aceptación positiva de la realidad.

- El sufrimiento acaso no tiene explicación, pero tiene sentido y también puede ser fuente de humanización, a la luz de la cruz de Jesús y aceptado como espacio privilegiado para la gracia.

- El camino de fe, como confianza en Dios, que no necesita saber por qué ni para qué suceden las cosas, porque en confiar está el secreto de todo sentido. Si tal confianza se constituye en fuente del propio ser, uno termina comprendiendo que todo, absolutamente todo, lo bueno y lo malo, las fuerzas y el desvalimiento, la salud y la enfermedad, son mediaciones para que Dios sea nuestra vida.

- El don de la paz interior, que no es resignación, ni fruto de voluntarismo o de conquista personal, sino un don que se recibe y brota de las profundidades de un alma reconciliada consigo misma –muchas veces, precariamente–, con la propia personalidad e historia, mediante la aceptación, la integración del propio límite e indigencia y la negatividad de la existencia. Es decir, proviene de un amor que no solo es capaz de soportar, sino de amar y abrazar alegremente la propia negatividad.

- Una catequesis sobre la muerte: no es fin, sino tránsito; no es tragedia, sino oportunidad de comunión plena con el Creador. «Los pocos días que faltaban para su tránsito los empleó en la alabanza, animando a sus amadísimos compañeros a alabar con él a Cristo... Invitaba también a todas las criaturas a alabar a Dios, y con unas estrofas que había compuesto anteriormente él las exhortaba a amar a Dios. Aun a la muerte misma, terrible y antipática para todos, exhortaba a la alabanza y, saliendo con gozo a su encuentro, la invitaba a hospedarse en su casa: "Bienvenida sea –decía– mi hermana muerte"» (2Cel 217). Francisco canta después de haber tocado la oscuridad, después de haber abrazado la cruz. La estrofa de la muerte es el sello final de su espiritualidad. Su vida y escritos son coherentes con este canto: toda su vida se convierte en una alabanza que culmina en el momento de su tránsito.

En un mundo que evita hablar de la muerte, el testimonio de Francisco sigue siendo profético: nos invita a vivir en paz con la creación, con los demás y con nuestro destino final.

El VIII centenario de su Pascua que celebramos en el año 2026 puede ser una ocasión para renovar el espíritu cristiano y franciscano en cuatro dimensiones: reconocer la vida como don, vivir la fraternidad, celebrar en la Iglesia este carisma y comprometerse en el mundo con alegría y testimonio cristiano.

Como nos exhortan los Ministros Generales: «Celebrar el DCCC aniversario de la Pascua de Francisco de Asís es una invitación a contemplar nuestra historia personal y la de nuestra Familia Franciscana –podemos decir también de todos los creyentes– con una mirada de fe, incluso en situaciones difíciles y dramáticas que hemos vivido y que nos tocan vivir en el tiempo presente. Es una oportunidad para dar gracias a Dios por todos los dones que nos ha concedido».

El papa León XIV, en su encuentro con los obispos italianos al final de la LXXXI Asamblea General de la Conferencia Episcopal Italiana, dijo: «Me complace esta, mi primera visita, aunque breve, a Asís, un lugar profundamente significativo por el mensaje de fe, fraternidad y paz que transmite, tan urgentemente necesario para el mundo». Porque «aquí recibió del Señor la revelación de que debía vivir según la forma del santo Evangelio». Y destacó también cómo Francisco y sus hermanos «vivieron plenamente lo que hoy llamamos el "estilo sinodal"», una opción clara por la fraternidad, «que es el corazón del carisma franciscano junto con la minoridad, [y que] estuvo inspirada por una fe intrépida y perseverante».

Al acercarse el momento de su tránsito, Francisco decía a sus hermanos: «Comencemos, hermanos, a servir al Señor Dios, pues escaso es o poco lo que hasta ahora hemos adelantado. No pensaba haber llegado aún a la meta, y, permaneciendo firme en el propósito de la santa renovación, estaba siempre dispuesto a comenzar nuevamente. Le hubiera gustado volver a servir a los leprosos» (1Cel 103).

La última estrofa del *Cántico*: «Load y bendecid a mi Señor y dadle gracias y servidle con gran humildad», resume todo el poema. Francisco invita a todo el universo y a todos los oyentes a alabar, bendecir, dar gracias y servir a Dios con gran humildad. La alabanza y la bendición se transforman paulatinamente en acción de gracias y concluye en el servicio.

Porque, para Francisco, la oración siempre va unida a la vida. Y nos invita a encarnarlo en una vida de servicio del Señor y de las criaturas. La expresión que cierra el texto «con gran humildad» cualifica el servicio que hay que rendir a Dios, pero también,

en sentido más general, todo lo que precede: la humildad, que es la verdad de lo que somos ante Dios (Adm 19, 2: «Cuanto es el hombre ante Dios, tanto es y no más»), connota la alabanza y la acción de gracias, porque estas nacen del reconocimiento de nuestro «ser nada» ante Dios, que es nuestro todo.

ENCARNAR

La enfermedad en la comunidad de San Damián, y entre los mismos compañeros de Francisco y en él mismo, estaba a la orden del día. También entre nosotros la realidad de la enfermedad se hace cada vez más presente, con grandes sufrimientos para los hermanos que afrontan situaciones muy graves y, también, para muchas comunidades. Somos testigos de la gran fuerza de ánimo de tantos hermanos y hermanas que, no obstante sus sufrimientos, mantienen la serenidad y la alegría del corazón. Son hermanos y hermanas que viven el carisma en la plenitud, porque se dejan transformar totalmente por el Cristo crucificado/resucitado que contemplan.

A ellos, los que sufren y a los que les cuidan, Francisco les llama «bienaventurados». ¡Sí, dice Francisco, sois verdaderamente felices cuando vivís desde la perspectiva de la fe la enfermedad y el cuidado de los enfermos!

Pero, en cierto sentido, podemos decir que todos estamos enfermos y, por lo tanto, necesitados de ser consolados y sostenidos por otros, porque en tantos momentos hemos de afrontar nuestros límites, nuestra fragilidad, nuestro pecado. Estos deberían ser considerados para nosotros como momentos de gracia, porque nos devuelven a nuestra verdadera condición: la de personas siempre necesitadas de la fuerza y la misericordia de Dios, y también del apoyo de los demás, o sea, de alguien que nos ayude a llevar los pesos de la vida.

Seguro que conocemos —y vivimos— muchos ejemplos de vida de hermanos y hermanas que viven en estos momentos de su vida la fragilidad, la dependencia, la hermana muerte cercana, con esperanza y fidelidad al Señor, aceptando su realidad. Su forma de vivir en estos momentos no es fruto del azar, sino que es don y es vivida como gracia, pero al mismo tiempo ha sido una gracia trabajada y sufrida, a través de muchos desiertos y oscuridades, pero con una fe constante y madura en el Señor.

Os invito a hacerlos presentes y a orar con y por ellos. Pero también a reconocer tantos ejemplos que ellos nos ofrecen como un don precioso del Señor. Aquí os transmito tres testimonios, podrían ser tantos, personales y comunitarios.

Nos habla la Hna. Ana María García, OSC Cap. (90 años) de Caspe (Zaragoza):

Con temor y temblor me uno a las celebraciones franciscanas en torno al octavo centenario de la muerte de N. Padre san Francisco, con su vida por medio, y mi pobreza física extrema.

Soy una simple hermana: Ana María García, natural de Anoz-Ezcabarte-Navarra. Tengo 90 años. Mi madrina me encarriló a estudiar en

Pamplona, donde hice unos sencillos estudios de Magisterio. A los 19 años, dejándolo todo, ingresé en la Comunidad de Hnas. Capuchinas de Tudela-Navarra. En la Comunidad siempre fui la «enfermera» de todas. En 2011 tuvimos que integrarnos en la Comunidad de Caspe y ahora me toca ser «la enferma» en primera línea.

Me regaló el Señor 7 años de reposo por una úlcera y no dejé mi ilusión de trabajar *sapientia amoris*, desde el año 2013 hasta ahora en que he podido acabar todo el proyecto dirigido desde Madrid. ¡Loado sea el Señor! Ha sido una gracia inmensa: primero por el contenido completo y «extraordinario» para las monjas, de integración de todos los temas para nuestra vida y «extraordinario» también para el día a día, cómo tenemos que vivir la vida fraterna y contemplativa con el recogimiento y oración indispensables.

Con este bagaje sobre las espaldas se comprende bien que la formación personal recibida, aunque dependo a diario de la ayuda de las hermanas a esta pobre coja y limitada, sea toda una ferviente caridad continuada de la Comunidad en que vivo y de los anhelos por una vida eterna que se asoma.

Como ven mi pobreza exige de Uds. una ferviente oración. ¡Gracias! Dios se lo pague.

Nos habla la Hna. Carmen Elcid, OSC (79 años) de Lekumberri, Tudela (Navarra):

Compartir la experiencia de mi enfermedad no me resulta fácil, aunque conviva con ella día a día. A todos nos toca antes o después y nos implica a las personas en todos sus niveles desde lo físico, lo espiritual... La enfermedad es un misterio. A mí me alcanzó pasados los 70 después de muchos años de vida como «hermana pobre».

Si algo voy aprendiendo a lo largo de mi vida religiosa es que el núcleo de mi vocación es el Evangelio, ese es el filtro en salud o en enfermedad. Desde hace dos años vivo agarrada a mi silla de ruedas desde donde se puede percibir la limitación humana, la dependencia, la impotencia... A mí personalmente la lógica evangélica de la no-eficacia me lleva a agradecer a Dios ese camino, que me va llevando a un fortalecimiento de la fe, a amar más al que sufre, a usar más misericordia... Este sufrimiento que es temporal me abre a un futuro esperanzador. Desde el sufrimiento no-buscado, acepto con libertad seguir optando por vivir el Evangelio.

En mi situación real, procuro vivir cada día de la Providencia, de la confianza, de ponerme en manos de Dios cuidada por todas las hermanas.

No puedo caminar, pero nada me impide vivir y poder cantar y gozar con alegría la vida que Dios me regala día a día.

Nos habla Fr. Carlos Sáez, OFM (96 años) del Santo Espíritu del Monte, en Gilet (Valencia):

¿Cómo se vive una realidad, la del envejecimiento y la enfermedad? No tengo añoranza de las muchas realidades apostólicas que la Providencia me ha ofrecido a través de mi larga vida... Una alegría muy grande conservo de todo el servicio apostólico.

Me preguntan ahora cómo vivo mi soledad, cómo se ha unido en el desarrollo de mi quehacer al obligarme a una vida más franciscana en el espíritu. Tengo la suerte de que unos hermanos de la fraternidad me han acogido como religioso convaleciente, tratándome como uno más de su fraternidad viva. No conozco el cansancio, pero reconozco una cierta soledad propia de mi estado, aunque asisto a todos los actos religiosos de la fraternidad, haciéndome presente en ellos.

Quiero hacer presente esta buena acogida de la fraternidad, de lo contrario habría ido a alguna enfermería. Reconozco que la ayuda que me presta la fraternidad es maravillosa, porque me tienen como a uno de ellos y me sirven en mis necesidades propias. Puedo hacer una vida bastante normal, participando en los actos comunitarios.

Vivo lo espiritual realmente como si estuviera en plenas facultades, dado que la Providencia me las ha concedido. Y sigo todo lo que puedo seguir formándome con la lectura de buenas obras, que me alimentan y ayudan a seguir el camino que tiende a la unión con Cristo Jesús.

Para la reflexión personal y el compartir comunitario

1. Podemos plantearnos personal y comunitariamente:

- ¿Cómo vivimos y cómo enfrentamos el final de nuestro caminar, pero sobre todo el vivir de cada día y el cuidado fraterno?
- ¿Has pensado alguna vez en la realidad de la muerte, de tu muerte? ¿Con qué sentimientos, actitudes...?
- «Comenzar de nuevo: comencemos». ¿Por dónde tendríamos que comenzar? ¿Qué es lo más urgente?
- ¿Qué suscitan en ti estas palabras: «La muerte no es fin, sino tránsito; no es tragedia, sino oportunidad de comunión plena con el Creador»?
- Comenta con tus hermanos y hermanas: «En un mundo que evita hablar de la muerte, el testimonio de Francisco sigue siendo profético: nos invita a vivir en paz con la creación, con los demás y con nuestro destino final».

2. Leed y comentad uno de los últimos escritos de Francisco, dirigido a Clara y a las Hermanas Pobres de San Damián, el *Audite Poverelle* 5-6:

> Las que con el peso de la enfermedad están cargadas
> y las otras que por ellas están fatigadas,
> unas y otras soportadlo en paz,
> que muy cara venderéis vuestra fatiga,
> porque cada una será reina en el cielo
> coronada con la Virgen María.

Breve conclusión

Uno de los grandes conocedores de san Francisco, G. Miccoli, comenta:

La experiencia religiosa de Francisco no fue un propósito de reforma de la Iglesia. No tenía proyectos en relación con la Iglesia y la sociedad; inútil preguntarse por lo que pensaba acerca de cómo arreglar la Iglesia, la sociedad, o su futuro... La fuerza de la propuesta cristiana de Francisco está solo en ella misma, en su estar realmente presente en la historia, pero sin esperar resultados, éxitos, medibles en realizaciones históricas... No se le oculta que son graves las deficiencias en la vida cristiana y la sociedad de su tiempo. Pero no se propone sino reconstruir en su vida y la de los Hermanos Menores una señal y una referencia. Desde ahí el valor de su vida concreta y opciones, lejos de diluirse, se agrandan: construir algo ejemplar históricamente, totalmente parcial (provocador, crítico, profético)[1].

En el fondo, algo de eso hemos querido evocar en estas páginas: su señal, su signo, su profecía; que no es otra que la de Jesús y su Evangelio paradójico. Y que, por eso mismo, a todos nos llega desde Francisco de una manera viva.

Dejamos que sea él mismo quien concluya estas páginas. Hacia 1225, un año antes de morir, cuando la Orden de los Hermanos Menores había crecido mucho y era bien considerada en toda la cristiandad, y las dudas sobre su vida y el valor de lo acontecido se cernían en el horizonte, reflexiona sobre *la verdadera alegría*. Esta tendrá que ver con el quedar afirmado entre los suyos, en cualquier situación, hasta el final y para siempre, como *el hermano Francisco, el signo de un hermano:*

---

[1] G. Miccoli, *Francisco de Asís. Realidad y memoria de una experiencia cristiana*, Ediciones Franciscanas Arantzazu, Oñate 1994.

Un cierto día el bienaventurado Francisco, estando en Santa María, llamó al hermano León y le dijo:

—Hermano León, escribe.

Este le respondió:

—Ya estoy listo.

—Escribe –le dijo–: ¿cuál es la verdadera alegría?

Llega un mensajero y dice que han venido a la Orden todos los maestros de París. Escribe: En esto no está la verdadera alegría.

También, que han venido todos los prelados ultramontanos, arzobispos y obispos, y también el rey de Francia y el rey de Inglaterra. Escribe: En esto no está la verdadera alegría.

Y dice también, que mis hermanos han ido entre los infieles y los han convertido a todos a la fe; y que, además, yo he recibido de Dios tanta gracia, que sano enfermos y hago muchos milagros. Te digo que en todas estas cosas no está la verdadera alegría.

Pero, ¿cuál es la verdadera alegría?

Vuelvo de Perusa y, en medio de una noche cerrada, llego aquí; es tiempo de invierno, está todo embarrado y hace tanto frío, que en los bordes de la túnica se forman carámbanos de agua fría congelada que golpean continuamente las piernas, y brota sangre de sus heridas.

Y todo embarrado, aterido y helado, llego a la puerta; y, después de golpear y llamar un buen rato, acude el hermano y pregunta:

—¿Quién es?

Yo respondo:

—El hermano Francisco.

Y él dice:

—Largo de aquí. No es hora decente para andar de camino; no entrarás.

Y, al insistir yo de nuevo, responde:

—Largo de aquí. Tú eres un simple y un inculto. Ya no vienes con nosotros. Nosotros somos tantos y tales, que no te necesitamos.

Y yo vuelvo a la puerta y digo:

—Por amor de Dios, acogedme por esta noche.

Y él responde:

—No lo haré. Vete al lugar de los Crucíferos y pide allí.

Te digo que, si hubiera tenido paciencia y no me hubiera turbado, en esto está la verdadera alegría, y la verdadera virtud y la salvación del alma.

Retiro

Nuestra vocación y nuestra alegría,
«seguir sus huellas» (1Pe 2,21-25)

Mª Ángeles Gómez-Limón, FMMDP

Mª Ángeles Gómez-Limón, FMMDP

Nuestra vocación y nuestra alegría, «seguir sus huellas» (1Pe 2,21-25)

INTRODUCCIÓN

La Cuaresma pone a nuestra disposición con alguna frecuencia el *himno* de 1Pe 2,21-25, que proponemos para este retiro. Me permito sugerir que antes leamos la introducción a esta carta que trae la Biblia, nos ayudará a contextualizar.

Escuchemos la Palabra:

Para esto habéis sido llamados, porque también Cristo padeció por vosotros, dejándoos un ejemplo para que sigáis sus huellas. Él no cometió pecado ni encontraron engaño en su boca. Él no devolvía el insulto cuando lo insultaban; sufriendo no profería amenazas, sino que se entregaba al que juzga rectamente. Él llevó nuestros pecados en su cuerpo hasta el leño, para que, muertos a los pecados, vivamos para la justicia. Con sus heridas fuisteis curados. Pues andabais errantes como ovejas, pero ahora os habéis convertido al pastor y guardián de vuestras almas.

Al leer este texto pueden surgirnos muy variados ecos. Quizá, nos sorprende, e incluso escandaliza. ¿Realmente se pueden pedir estas cosas? ¿Por qué no alentar de otra manera? ¿Por qué tanto énfasis en la Pasión, el pecado, la cruz? ¿No terminan siendo textos que apagan, domestican y se hacen cómplices de estructuras injustas?

Recurrimos con rapidez, probablemente, a explicarlo desde los esquemas culturales del primer siglo de la era, o desde la ideología conservadora del autor... Así, llenos de razones, terminamos desentendiéndonos del texto. Y nos perdemos la buena noticia que contiene, su *Evangelio*.

No podemos olvidar que textos como este *realizaron* su contenido, pues la Palabra *creó* realidad: consuelo, aliento, fortaleza, resiliencia, contestación no violenta e indomable; todos ellos, recios y consistentes frutos del Espíritu. Por eso contamos hoy con esta exhortación que sigue siendo Palabra viva, Palabra de vida, que sigue *creando realidad, creando novedad*. También hoy, para nosotros.

«Para esto habéis sido llamados»

Los hermanos y hermanas de aquellas comunidades «peregrinas y extranjeras», marginales, de Asia Menor parecían estar asustados, cansados, desorientados, tentados de abandonar, atraídos por un modo de vida más «normal». Ya estaba bien de ser «los raros», mirados con sospecha, objeto de ironías —«no se puede ser normal y vivir como vives»—. Mantener las opciones evangélicas se convertía en batalla cotidiana, nunca resuelta y a veces agotadora: hasta en casa, en la familia, hay que estar midiendo, soportando, resistiendo.

Cuando la vida se estrecha y perdemos perspectiva, necesitamos que alguien nos recuerde quiénes somos, de dónde venimos y por qué, cuál es la fuente que sustenta nuestras opciones. El Señor pone testigos con esta misión en nuestro camino.

El autor nos remite al amor primero: «A esto habéis sido llamados». Nos devuelve al punto de partida, al «sígueme», a aquel encuentro luminoso que ha marcado nuestra vida definitivamente. Pero no nos devuelve «allí» como si tuviéramos que retroceder a un mítico —e idealizado, casi siempre— paraíso vocacional. No. Somos invitados a recordar integrando toda una historia, recordar Quién llamó –y llama– y a qué. Cómo fue su vida, cuáles fueron sus opciones y cuáles las consecuencias. Somos invitados a des-entrañar, a des-plegar, ese «ven conmigo y te haré...» concreto. Así, seguramente, caeremos en la cuenta de que «esto» ya estaba incluido germinalmente.

Estar con Jesús, seguirle, nos emplaza a recorrer un camino, el suyo. Galilea anticipa Jerusalén, Jerusalén contiene y es consecuencia de Nazaret y Galilea: la misma historia, el mismo amor, la misma entrega, el mismo Señor Jesús, la misma llamada.

«Cristo padeció por vosotros, dejándoos un ejemplo para que sigáis sus huellas»

El autor de la carta lanza bien lejos la jabalina. ¿Que estáis en crisis? Mirad a Jesús. ¿Que no sabéis cómo encajar tanta presión? Mirad a Jesús. ¿Que es injusto lo que están haciendo con vosotros? ¡Mirad a Jesús! ¿Que no podéis más? ¡Mirad a Jesús!

El inocente, el hombre más bueno y justo que haya existido jamás, soportó, padeció, por vosotros. A veces, extrañamente, nos incomoda ese «por vosotros». Y esa incomodidad, aunque pueda ser una sana reacción a cierta teología, puede expresar la dificultad para acoger el don, para dejarse amar sin co-pago, para asumir que si no me rescatan –solo Él puede–, no tengo salida. Ese «por vosotros» es, en definitiva, una historia de amor y de gracia: «Él hacia mí se ha inclinado» (Sal 40).

Mirad a Jesús, su ejemplo, sus huellas, dice 1Pe. Solemos tener muy moralizado el tema del «ejemplo». La palabra griega que aquí está de base es un término de la vida cotidiana, *hypogrammós*. Con ello se designa la línea que hacía de referencia para escribir derecho, la «muestra» de los cuadernos de caligrafía, con su raya de soporte. Es como si se nos dijera: «Escribe tu vida al compás de la línea que es la vida de Jesús», «dibuja tu nombre en el suyo», «adhiérete a su trazado, no te separes»: sal de tu mentalidad, entra en su lógica.

Por otra parte, se presenta la imagen de las huellas, tan gráfica también. La asociación mental espontánea visualiza algo así como el negativo de la planta del pie, del calzado, dibujado en la tierra, en esa tierra –arena, barro, cemento fresco– cuya blandura lo permite. La huella es lo que queda después de pasar y solo se imprimen donde el soporte lo permite. Vienen a ser marcas de una ausencia que se hacen presencia sutil, pregunta, signo. El sustantivo que se usa aquí, además, se relaciona con un verbo que tiene que ver con «llegar a destino paso a paso». O sea que, no solo son «huellas» sueltas, sino que se enlazan, forman camino, tienen un hacia dónde.

¿Qué «huellas» va dejando Jesús? Son marcas vivas, «perforan» el suelo, despiertan nuestra atención. Invitan, como la línea de la escritura, a depositar en ellas nuestros pies, a apoyarnos, a dejar que nos cobijen, nos impulsen y nos orienten, sobre todo en estos momentos en que podemos sentirnos un poco perdidos. Si, maleables, nos introducimos ahí, nos modelan al modo del Señor Jesús. Apoyarse en ellas, cristifica.

«Él no devolvía el insulto cuando lo insultaban; sufriendo no profería amenazas, sino que se entregaba»

Este texto nombra algunas «huellas» que tienen que ver directamente con lo que viven estas comunidades: injurias, sufrimientos, amenazas…, cansancio, desesperanza, desorientación…, dudas, temores, repliegue… Quizá nosotros también sepamos algo de esto.

Nuestro texto aquí nombra la realidad que pesa. No la niega, no se refugia en un «ya se pasará», no se banaliza, no se queda en lo políticamente correcto. De fondo, una realidad de siempre: cómo encajar el sufrimiento, cómo vivir la injusticia padecida, cómo afrontar el mal. Y para esto no hay respuestas hechas. No valen razonamientos.

Llega el momento de la referencia central: ante estas situaciones, la clave que marca la diferencia es vivir del Espíritu de Jesús. Pablo diría «tener su misma mirada a la realidad» (cf Flp 2,5), una mirada que se posiciona y actúa: «injuriado, no injuria; sufriendo, no amenaza; se entrega». Solo alguien enteramente libre puede responder así, sin dejarse determinar por la violencia que viene de fuera. Confiando, más allá de toda evidencia, en el Padre.

La reacción espontánea es «nadie puede». Creemos, en la práctica, que el mal se combate con las mismas armas: si no, uno pasa por raro, por tonto, por domesticado, por inmaduro. El impulso natural es ese: defenderse, atacando, si es necesario. Ha sido necesario ese camino para aprender autonomía y generar un espacio personal. Pero, si somos medianamente honestos, reconocemos que esta lógica funciona de continuo en nuestra vida. Formamos parte de esa trama de enredos que enredan. Y «quien esté libre de pecado, que tire la primera piedra».

«¿Cómo se puede pedir lo que el texto dice?», decimos críticos. Evidentemente, lo que no humaniza no es creíble, por lo cual, la Palabra se dirige, absolutamente, a cristianos adultos humanamente y en la fe. El autor de la carta lo que hace es discernir y aplicar a situaciones concretas la radicalidad evangélica que propone Jesús.

No está de más pensar si esta sospecha o la preocupación por «no excederse» en la lógica de la entrega, no esconde resistencias solapadas a amar sin cálculo y a participar de la vida y el destino de Jesús que, por cierto, no murió de muerte natural.

Volvamos. ¿Cómo puede pensar el autor de esta carta de Pedro que así va a animar a su comunidad? Este maestro –con todo el Nuevo Testamento– lo tiene claro: porque así vivió Jesús. Porque así amó. Porque esta es la única manera real de «resistir» al mal. Porque, por fin, ha habido una persona que ha dicho «no», con todo su ser, también con su cuerpo, al mal en todas sus formas. Alguien, Jesús, no entra en la cadena del ojo por ojo, de injuria por injuria: «No había pecado, ni hubo engaño en su boca». Al no entrar, la cadena se corta. Se genera otra dinámica. Comienza una historia nueva. Esta es la referencia. En realidad, si lo pensamos despacio, la propuesta de Jesús es la más humana y humanizadora, la única que realmente posibilita que nuestro mundo sea un lugar habitable, donde no estemos asustados unos de otros.

«Él llevó nuestros pecados en su cuerpo hasta el leño, para que, muertos a los pecados, vivamos para la justicia»

Seguimos contemplando a Jesús, más que «ejemplo», más que «huellas».

Llegamos a unas palabras estremecedoras que, sin embargo, proponen criterios de sabiduría cristiana para momentos de prueba. *En primer lugar*, ya hemos visto, mira a Jesús, mira su comunión con el Padre, en amorosa obediencia. Asómbrate de su libertad –«nadie me quita la vida, soy yo quien la entrega voluntariamente»–. Fíjate cómo él ha asumido «nuestros pecados» y nos levanta para la vida, para su vida. Mira cómo te da vida.

Mira qué misericordia se te ha dado. Mira cuánta bondad, qué derroche de gracia. Mira hasta qué punto has sido amada/o y «vives para para la justicia».

Y, *en segundo lugar,* y como consecuencia, una invitación, una pregunta implícita: ¿y si te toca a ti ahora participar de este «llevar "en el cuerpo" los pecados de otros»?, ¿y si te toca, nos toca, en este momento, unirnos a ese amor mayor que nos ha bendecido y reconstruido, y entregar la vida «por los que nos injurian»? ¿Y si es hora del *fiat,* del *amén* que se entrega? Se trata de vivir no para uno mismo, sino para el Señor, «para la justicia». Su Pascua, nuestra vida.

El autor de la carta comparte y acoge la múltiple vulnerabilidad de sus comunidades, pero no se queda ahí, «compadeciendo», abre el horizonte a la esperanza, sacándonos de nosotros mismos, invitándonos a dejarnos llevar (cargar) por él: ¿Que estás que no puedes más? Confía, él te lleva. ¿Que no sabes por dónde seguir? Mira, él te conduce. ¿Que a veces te parece que se alargan las estrechuras? Espera, él se pone a tu lado, un paso delante de ti, para que no puedan borrar sus huellas. ¿Que no puedes con esa sensación de culpabilidad? Agradece, esa «culpa ha merecido tal Redentor». ¿Que no hay derecho ni es justo que hagan «eso» contigo? Pregúntate si toca optar como Jesús: no porque tú puedas, sino porque él, que te libera, puede en ti. La realidad se transfigura: la injusticia padecida –ninguneo, minusvaloración, ironía, crítica...– se hace ocasión de «entrega voluntaria»; el sufrimiento, oportunidad para aprender ese «amor mayor» que no se cierra en sí mismo ni en el propio derecho. El agradecimiento por tanto, como don recibido, se convierte en fuente.

«Con sus heridas fuisteis curados»

Nuestro texto es una relectura cristológica y contextualizada, del cuarto canto del Siervo (Is 53). El Siervo que Isaías contempla es una persona justa sorprendida por la violencia arbitraria, ante la que queda inerme. No se defiende, no devuelve el mal. Su silencio es abandono confiado en Dios. Esta figura misteriosa ayuda a entender lo que 1Pe afirma de Jesús.

Is 53 y 1Pe coinciden: seguir sus huellas no significa aprender a soportar el dolor estoicamente ni justificar situaciones injustificables que niegan la dignidad. Significa aprender a no dejar que el mal tenga la última palabra, ni siquiera cuando hiere tan íntimamente. En esa fidelidad frágil, sostenida por Dios, se va gestando una libertad distinta, la que permite volver –como dice la carta– al Pastor y Guardián de la propia vida.

«En la cruz –dice Patricia Hevia, RSCJ– se abre una Herida que permanece abierta hasta hoy. Esta Herida es una Herida por la que circula la Vida, paradójicamente, es una Herida que trae Vida. [...] Cualquier situación que podamos pensar, experimentar, vivir... nada queda excluido de esta fuerza de Amor que nace de la Herida infinita, todo queda abrazado por esta energía que brota de la vulnerabilidad. Y entonces, nuestras heridas, las heridas de los Traspasados de nuestro mundo, desde este Amor, pueden convertirse en surcos abiertos donde la muerte queda transformada en Vida».

«Pues andabais errantes como ovejas, pero ahora os habéis convertido, os habéis vuelto, al pastor y guardián de vuestras almas»

Sanados, recuperados, atraídos, por esas heridas sanadoras, «habéis vuelto» («os habéis convertido»). Hay un antes y un después: «erais..., pero ahora...». Se trata de un giro radical en la vida: «darse la vuelta». Cuando uno gira, cambia la perspectiva, ve de otra manera. ¿Qué se puede ver ahora, después de «volverse»? «Al pastor y guardián de nuestras vidas». Estáis de vuelta en casa, vuestra casa. Vuestro hogar es un tú: Jesús, buen pastor, guardián. No estáis perdidos, aunque estéis en minoría y marginados. Tenéis de quién fiaros, en quien depositar todos los afanes, por quién y para qué vivir. Para esto habéis sido llamados, esta es vuestra vocación: él, pastor y guardián, «centinela que no permitirá que resbale tu pie» (cf Sal 121).

Y una toma de conciencia desde lo real

Sabemos que no basta la generosidad para sumarse a sus huellas.

Poder vivir «al paso de Jesús» supone camino de madurez humana y creyente, siempre en proceso. Algunos criterios, además de no perder la mirada a Jesús crucificado, pueden ayudarnos:

- Reconocer las propias tendencias, mecanismos, nivel de libertad: dónde «flaqueo» y me viene el desánimo que paraliza.
- Aceptar la realidad: «lo que es, es», deba ser o no deba ser. Si nos estancamos en el «no debe ser», nos amargamos y quedamos paralizados.
- Descubrir lo que me enseña esta situación difícil, para qué puede venir bien, qué «tesoro» de sabiduría cristiana contiene.
- Confiar, sin pretender controlar ni saber: él es el Señor de la historia, él sabe.
- «Cada día tiene su afán», no sufrir por anticipado, evitar proyectar el dolor presente al mañana.
- Combatir de forma no violenta contra el mal, hasta que toque «ser puesto con Jesús».
- Recordar que Dios saca bien del mal, incluso del pecado, incluso de esta realidad «absurda», «de muerte».

«Para esto habéis sido llamados», comenzábamos. «Para ser de Jesús, participando, por gracia, de su modo de ser y estar en el mundo», continuábamos. Las palabras de 1Pe que venimos contemplando realizaron la finalidad con la que el Espíritu las suscitó. Siguen haciéndolo hoy, aquí, para nosotros: alentar, confirmar, fortalecer, consolar. Vivir según Jesús no elimina la cruz, ni el sufrimiento, pero hace de ello experiencia pascual, fuente de vida.

ORACIÓN PERSONAL:
Propuesta de *lectio* (1Pe 2,21-25)

A. *Lectio:* Escuchar la Palabra

1. Ponte en la presencia del Señor. Respira lentamente. Repite interiormente: «Tú»…, «heme aquí»… «ven»…
2. Lectura del texto (1Pe 2,21-24). Léelo sin buscar nada, sin analizar. Solo recibe, escucha con todo su ser.
3. Acoge despacio lo que resuena, subraya lo que te toca, sin pensar:

- Alguna expresión: «habéis sido llamados»..., «por vosotros»..., «sigáis sus huellas»..., «no devolvía»..., «cargó»..., «curado»... la que sea.
- Observa los verbos («llevar», «morir», «vivir», «sanar»...).

Quédate con una palabra, solo una: dale vueltas en el corazón.

Después, puedes pasar a otra que creas que también resuena mucho.

Pausa orante.

B. *Meditatio:* Dejar que la Palabra me lea a mí

1. Lee de nuevo el texto, muy despacio.
2. Sitúate ante el Señor, recíbete en su mirada, mírate desde él:
- Él mira tus cansancios, las tensiones de la vida ordinaria: esa conversación pendiente, aquel gesto mal interpretado, esta temporada tan pesada, ese rasgo de carácter que siempre vuelve y cuesta aceptar, esa persona que te saca de quicio sin que puedas evitarlo...

- ¿Cómo te resuena «llevó mis pecados en su cuerpo al madero»?

3. Contempla sus huellas. A veces, no se reconocen a la primera, hace falta tiempo:
- ¿Por dónde te han ido llevando? ¿Hacia dónde intuyes que te conducen?
- ¿En qué aspecto Jesús te invita a cambiar el paso?

4. Escucha tus reacciones:
- En la comunidad, en tu familia, en el trabajo... ¿qué te resulta difícil «no devolver»?
- ¿Cuándo te sale responder desde la herida?
- Reconoce también ese don por el que alguna vez se te ha dado de «cargar» paciente con el «peso» de otros.

5. ¿Qué heridas mías necesitan encontrarse con sus llagas?, ¿cuáles sigo protegiendo?

Pausa orante.

C. *Oratio:* Encuentro

Habla con Jesús desde la verdad, sin reservas, sin miedo. Entregando todo:

- «Ponme en camino, enséñame a caminar apoyada en tus huellas».
- «Hazme mansa y humilde de corazón».
- «Señor, aquí están mis reacciones defensivas..., las de siempre».
- «Aquí mi necesidad de tener razón...».
- «Aquí las heridas que no cicatrizan...».

Después, deja que él pronuncie su Palabra: «Mis llagas, tu sanación».

O simplemente permanece en silencio ante él, dejando que su paz te ocupe y te abrace.

D. *Contemplatio*: Permanecer en su presencia

No es momento para discursos mentales, ni análisis, ni compromisos. Quédate en silencio con la imagen o el eco que se te haya quedado:

- El «ejemplo», que orienta.
- Esas huellas que marcan, te esperan, te cobijan, sanan.
- El Señor Jesús, Buen Pastor, cargando suave y fuertemente lo que pesa.

Y permanece ahí: Sin ideas. Sin esfuerzo. Solo presencia. En lo que se te dé. Sin empeñarse en alcanzar o sentir nada especial: «El Espíritu es el que ora en nosotros».

CON OTRO LENGUAJE

En esta tarde, Cristo del Calvario,
vine a rogarte por mi carne enferma;
pero, al verte, mis ojos van y vienen de
tu cuerpo a mi cuerpo con vergüenza.

¿Cómo quejarme de mis pies cansados,
cuando veo los tuyos destrozados?
¿Cómo mostrarte mis manos vacías,
cuando las tuyas están llenas
de heridas?

¿Cómo explicarte a ti mi soledad,
cuando en la cruz alzado y solo estás?
¿Cómo explicarte que no tengo amor,
cuando tienes rasgado el corazón?

Ahora ya no me acuerdo de nada,
huyeron de mí todas mis dolencias.
El ímpetu del ruego que traía
se me ahoga en la boca pedigüeña.

Y solo pido no pedirte nada,
estar aquí, junto a tu imagen muerta,
ir aprendiendo que el dolor es solo
la llave santa de tu santa puerta.
Amén (Gabriela Mistral).

Índice

Francesco Patton

El Cristo que habla

Meditaciones sobre el Crucifijo de San Damián

(San Pablo, 2025)

En esta obra, Francesco Patton nos ofrece un auténtico itinerario de fe y de oración con el que redescubrir la alegría y el compromiso de la vida cristiana. Nos va introduciendo, poco a poco en el encuentro que san Francisco de Asís experimenta ante el Crucifijo de la pequeña iglesia de San Damián, permitiéndonos acercarnos al arte y la espiritualidad, a través de sencillas meditaciones, teniendo como telón de fondo dicho icono, integrando además en las mismas una serie de oraciones tomadas de los escritos del *Poverello* de Asís.

Encontramos aquí un itinerario de reflexión cuyo objetivo es ayudar a las personas a ponerse ante el misterio pascual para encontrar en él el sentido de su vida. Para ello, nos propone detenernos y verificar qué es lo que sostiene verdaderamente nuestra existencia y qué es lo que nos permite seguir caminando con la mirada iluminada por el horizonte de la esperanza.

Francisco Martínez Fresneda

Jesús de Nazaret y Francisco de Asís

(San Pablo, 2025)

Acercándonos a distintos pasajes de la Sagrada Escritura, así como a textos de los escritos de san Francisco de Asís y a su biografía, Francisco Martínez Fresneda, nos ofrece un itinerario para que quien se acerque a esta obra viva con mayor intensidad el Evangelio, llegando a la configuración con Cristo de la misma manera que lo hizo Francisco, pudiendo así tomar el pulso a nuestro seguimiento de Jesucristo.

Las Florecillas de san Francisco

(San Pablo, 2007)

El autor de esta obra nos ofrece en sus páginas un retrato épico de una parte de la historia de la Orden Franciscana. Esta historia se desarrolla en torno a un grupo de frailes, algunos de los cuales desde un primer momento siguieron de cerca a san Francisco de Asís. Estructurada en 53 capítulos, va recopilando diversos episodios de la vida del santo y de algunos de sus compañeros. En este libro se recogen además cinco cosideraciones acerca de la impresión de las llagas de Cristo en su cuerpo en el monte Alverna.

Gianluigi Pasquale

San Francisco de Asís. Al alba de una existencia gozosa

(San Pablo, 2016)

Presentado por el papa Francisco

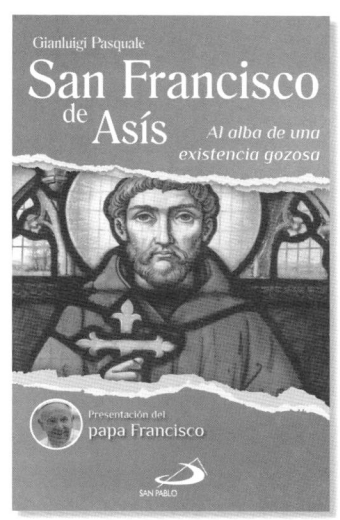

Isabel Martínez Moreno

Francisco y Clara. Místicos de cordón y sayal

(San Pablo, 2024)

Valentín Redondo Fuentes

El viaje de san Francisco a España

(San Pablo, 2014)

¿Cuándo vino a España? ¿Cuánto tiempo estuvo? ¿Quién le acompañaba? A estos y otros interrogantes quiere respondernos Valentín Redondo en esta obra mediante un exhaustivo análisis, indagando en las fuentes de la época.

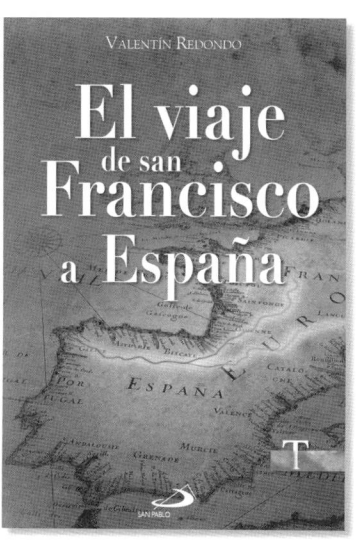

FRONTERA/HEGIAN

SOCIEDAD DE SAN PABLO. C/ Protasio Gómez, 15 - 28027 MADRID

Les ruego que me envíen a la siguiente dirección los cuadernos FRONTERA/HEGIAN 2026:

APELLIDOS .... NOMBRE ....

CALLE .... Nº ....

CÓD. POSTAL .... CIUDAD .... PROVINCIA ....

TELÉFONO .... EMAIL .... DNI / CIF ....

PRECIO DE LA SUSCRIPCIÓN ANUAL: ESPAÑA: **35 euros.** EUROPA: **45 euros.**

RESTO DE PAÍSES: **50 euros.**

FORMA DE PAGO (señale, por favor, con una x la cuadrícula correspondiente):

☐ Por cuenta bancaria (modo recomendado). Para ello, cumplimente los siguientes datos:

Entidad bancaria .... Ciudad en la que está abierta la cuenta ....

Titular de la cuenta ....

IBAN	ENTIDAD	OFICINA	DC	NÚMERO DE CUENTA

OTRAS FORMAS DE PAGO: ☐ Cheque bancario ☐ A reembolso ☐ Giro postal